LA
SAINTE CHAPELLE

DU

PALAIS DE JUSTICE DE PARIS

PAR

Charles DESMAZE

Conseiller en la Cour d'appel de Paris, Officier de l'Ordre
de la Légion d'Honneur.

> Ne scribam vanum, duci, pia Virgo,
> manum.
> (Registre de la justice de St-Martin-
> des-Champs. — 1322.)

PARIS
E. DENTU, LIBRAIRE-ÉDITEUR
PALAIS-ROYAL, 17 ET 19, GALERIE D'ORLÉANS

LA
SAINTE CHAPELLE

OUVRAGES DU MÊME AUTEUR :

Maurin de la Tour, peintre du roi Louis XV. — (Michel Lévy, éditeur Paris, 1853.)

Étude sur le suicide. — (Éd. Fleury, imprimeur. Laon, 1854.)

Réforme du Code d'Instruction criminelle (art. 200 et suivants). — (Laon, 1853).

Des contraventions à Londres. — (Michel Lévy, éditeur. Paris, 1860.)

Curiosité des Parlements de France. — (J. Gay, éditeur. Paris, 1864.

Le Parlement de Paris. — (Cosse, éditeur. Paris, 1860.)

Le Châtelet de Paris. — (Didier, éditeur. Paris, 1863, et 1872.)

Le Formulaire des Magistrats. (Cosse, éditeur. Paris, 1863.)

Les Curiosités de la Picardie, d'après les manuscrits. — (Dupray la Mahérie. Paris, 1863.)

Ramus, philosophe picard (XVIe siècle). — (Cherbuliez, éditeur. Paris, 1864.)

Pénalités anciennes (supplice, prisons et grâce). — (Plon, éditeur, Paris, 1866.)

Trésor judiciaire de la France. — (Plon, éditeur. Paris, 1867.)

Jacques Bauchant, sergent d'armes, bibliophile St-Quentin (XVIe siècle. — (Amiens, 1870 Imprimerie de Caillaux.)

SOUS PRESSE

L'abbaye d'Isle de St-Quentin en Picardie, de l'Ordre de Saint-Benoît.

Lettre inédites des Rois et Reines de France (1186-1792).

LA SAINTE CHAPELLE
vue extérieure

LA SAINTE CHAPELLE
vue intérieure

LA
SAINTE CHAPELLE

DU

PALAIS DE JUSTICE DE PARIS

PAR

Charles DESMAZE

Conseiller en la Cour d'appel de Paris, Officier de l'Ordre
de la Légion d'Honneur.

> *Ne scribam vanum, duci, pia Virgo,
> manum.*
> (Registre de la justice de St-Martin-
> des-Champs — 1322.)

PARIS

E. DENTU, LIBBRAIRE-ÉDITEUR

PALAIS ROYAL, 17 ET 19, GALERIE D'ORLÉANS

—

1873

(Tous droits réservés.)

PRÉFACE

L<small>E</small> vieux Paris nous inspire une curiosité sympathique et d'autant plus vive, que nous en voyons, chaque jour, disparaître les vestiges, ou que nous en redoutons la ruine (1).

Placés en face des cathédrales de Paris, de Reims, de Chartres, nous songeons à ces ouvriers inconnus, à ces architectes inspirés, qui s'appelaient Pierre de Montereau, Robert de Luzarches (2), et qui nous ont laissé leurs œuvres de pierre à comprendre, à con-

---

(1) *Revue archéologique* 1856 (août 1857).
(2) I. *Topographie historique du vieux Paris*, par Ad. Berty,

templer, à admirer comme témoignages de leur science et de leur foi.

La Sainte-Chapelle figure bien dignement à côté de ces églises; elle est à la fois un temple et un reliquaire. Pour les artistes, elle est un des rares monuments présentant, à Paris, des traces de l'architecture des douzième, treizième, quatorzième et quinzième siècles. Ces différences d'époque se révèlent dans le petit oratoire accolé à la façade méridionale, dans la différence des matériaux, dans l'absence de liaisons pour les corniches, dans les inégalités de hauteur pour les assises. La courbe, à deux centres, de l'arcade, la finesse des sculptures, la recherche des moulures trahissent la main des artistes du quinzième siècle, auxquels on doit certainement la grande rose, l'escalier, l'oratoire dit de saint Louis, le couronnement des deux tourelles, la toiture avec la flèche qui la surmontait,

---

historiographe de la ville (région du Louvre et des Tuileries). Paris, imprimerie impériale (1866).

II. *Topographie historique du vieux Paris,* par feu Ad. Berty, continuée par H. Legrand, architecte topographe, attaché aux travaux historiques de la ville de Paris (région du Louvre et des Tuileries). Paris, imprimerie impériale (1868).

ainsi que les deux pinacles surmontant les contre-forts de la façade principale. On pourrait même préciser davantage et dire que ces constructions datent du règne même de Louis XI (*1461-1483*). En effet, un L couronné, qui se voit sur la balustrade de l'oratoire, est bien l'initiale de Louis XI, seul roi du quinzième siècle dont le nom commençât par cette lettre. On sait aussi que Louis XI fut un des bienfaiteurs les plus libéraux de la Sainte-Chapelle, qui recueillait les saintes reliques.

La sainte couronne d'épines arriva de Venise à Paris, portée successivement à cheval, en bateau, en litière (1). Elle fut renfermée dans un coffre de fer, protégé par plusieurs serrures et placé dans une tour, dont les fenêtres furent garnies de fil d'archal. Ce trésor était considéré comme le soutien et l'appui de la France (2), et même comme l'honneur de tout l'Occident. Elle fut exposée à la vénération des fidèles dans la chapelle du Roi, et amenée, plus tard, dans l'abbaye de Saint-Denis. Parmi les

---

(1) *XXIIe volume des* Historiens de France.
(2) *Tillemont.* Vie de saint Louis (II, 341).

personnes attirées dans la capitale pour vénérer cette sainte relique, il en est dont les dépenses furent payées par saint Louis; ainsi, la dame d'Audenarde reçut, à cet effet, xx livres parisis (506 fr. 60 c.). Dame Gile d'Etampes n'hésitait pas à risquer sa vie, dans l'espoir qu'il lui serait donné de s'agenouiller sur le tombeau du Christ.

Après les ténèbres de la barbarie, la France, guidée par ses rois très-chrétiens, était devenue la fille aînée de l'Eglise; elle avait aperçu, — la première, — les tremblants rayons des naissantes étoiles, comme Dante, au sortir de son enfer, et elle marcha sous l'œil de Dieu.

L'art français, sous le règne de Louis IX, est, comme l'âme même du saint Roi, déjà surhumain et immatériel; alors que, dans les autres pays, rien de neuf n'apparaît encore, la France produit au peuple étonné des monuments alertes, dégagés, sveltes, diaphanes.

Manifestement protégée, tant qu'elle eut la foi, la grande nation vient de voir, en un jour, en une heure, s'écrouler toute sa gloire passée; une secte horrible se rua follement contre la civilisation, contre l'art, contre la patrie et contre la religion. Le matérialisme, destituant l'âme humaine de tout avenir, conviant ses ardents séïdes à d'aveugles et éphémères jouissances, tenta d'effacer, sous le fer et le feu, les saintes traditions, le fruit des philosophies anciennes et la morale, fondée, il y a dix-huit siècles, par le Christ lui-même. Après la guerre et l'invasion étrangères, une bataille entre Français fut livrée dans Paris épuisé et haletant; un siége plus terrible encore succéda au siége déjà soutenu et que la famine seule avait terminé. En quelques heures, la capitale fut convertie en une ville infernale; palais dévastés, monuments effondrés, rues éventrées, maisons béantes, la flamme partout, le canon, jour et nuit, la spoliation des autels, la profanation des églises, le massacre des prêtres et des magistrats, tel fut le rêve organisé et accompli par des êtres perdus de dettes et de crimes. L'incendie était allumé, non aux quatre coins, mais à tous les coins de la ville, et, sur ces cendres, faites de feu, de fange et de sang, la famille, la société, le culte étaient en grand péril (*18 mars-24 mai 1871*). Dans cette dernière journée, le secours, tant attendu, arriva enfin; il vint de l'armée; il était grand temps, car Paris, depuis longtemps muet sous la terreur, sublime en son deuil, allait tout entier sombrer.

La Sainte-Chapelle avait deux gardiens : Gaudin (Hippolyte), brigadier, et Pernet (Pierre-Louis), âgé de soixante-quatorze ans; ce dernier, pendant le règne de la Commune, resta seul à son poste, alors que son chef était réfugié à Puteaux; ni l'un ni l'autre n'habitaient d'ailleurs le monument qu'ils devaient seulement surveiller et ouvrir aux curieux dans le jour. La Préfecture de police, abandonnée le 18 mars, fut occupée d'abord par le citoyen Duval, puis par Raoul Rigault et son secrétaire Dacosta; tous deux firent explorer la Sainte-Chapelle, dans laquelle ils croyaient rencontrer des armes, des munitions, des souterrains; les recherches furent inutiles. Les fédérés et leurs femmes firent de fréquentes visites à la Sainte-Chapelle, s'indignant d'y voir briller, le long des colonnettes de la nef, de nombreuses fleurs de lis d'or, qui ne leur semblaient pas encore de saison. Nous avons sous les yeux un permis ainsi conçu : « PRÉFECTURE DE POLICE

« *Paris, le   1871.* — Cabinet du Préfet.
« — *Note.* — Laissez visiter la Sainte-Cha-
« pelle aux officiers du 142ᵉ bataillon. —
« Raoul Rigault. — *Scellé du* cachet de la
« Préfecture de police. — République fran-
« çaise. »

Cependant, la Commune sentait sa fin prochaine; elle voulut couronner son agonie par des ruines; les torches incendiaires étaient promenées sur les monuments arrosés de pétrole. Les vainqueurs pouvaient entrer; ils ne trouveraient plus que des cadavres et des décombres! L'incendie éclata partout : aux Tuileries, au Palais-Royal, au ministère des Finances, à l'Hôtel-de-Ville, dans les maisons particulières; les Fuséens *avaient, eux aussi, leur plan. Quelques-unes des horloges de ces édifices ont arrêté leurs aiguilles, comme pour attester l'heure du crime commis et la révéler sans contestation. Le mercredi, 24 mai 1871, vers cinq heures, la Préfecture de police et le Palais de justice, dans toute leur étendue, s'enflammèrent simultanément, comme si une même traînée électrique eût communiqué un incendie immense qu'il fallut trois* *jours pour éteindre, à l'aide de puissantes pompes à vapeur, manœuvrées par des hommes dévoués. Les flammes n'avaient rien épargné; seule, la Sainte-Chapelle était demeurée intacte; pas une de ses peintures n'avait été dégradée, pas un de ses vitraux n'avait été fêlé; elle avait même recueilli et sauvé, grâce à MM. Rousse, bâtonnier de l'ordre, Armaignac, Leboucher, François, treize mille volumes sur trente-cinq mille dont se composait la Bibliothèque des avocats de Paris. Me Rousse qui, comme Mathieu Molé, ne fut jamais si grand que dans le péril, paya noblement et simplement de sa personne, allant visiter les ôtages qu'il ne lui fut pas donné de défendre, et recueillant les papiers, les titres, les volumes de sa corporation. Sous les voûtes de la Sainte-Chapelle, on retrouve, à côté d'un feuillet à demi-brûlé de Beaumanoir, — sur lequel on lit encore ces mots :* Anciennement, les avocats faisoient leur marché avant de se charger d'une affaire. — Si l'Eglise jugeoit une obligation, elle ne pouvoit faire exécuter son jugement que par l'excommunication, — *des volumes pêle-mêle empilés :* De Jure asylorum, *liber singularis Petri Sarpi (Venetiis, 1677)*; — Cicéron, *édition d'Olivet;* — Discours de l'Empereur Napoléon III et travaux du Corps législatif; — Biographie universelle; — Discours du comte de Serre (1815-1822); — *le* Journal des audiences; — Registre des cotisations; — *le* Journal du Palais; — *la* Liste des stagiaires, *dont plusieurs sont aujourd'hui de grands hommes;* — *le* Tableau des avocats à la Cour impériale de Paris, *pour l'année judiciaire 1869-1870, arrêté par le Conseil de l'ordre, dans sa séance du 26 avril 1870, mis au greffe de la Cour impériale, le 13 mai 1870, par* Me *Grévy (François-Jules-Paul), bâtonnier;* — *le* Digeste; — l'Histoire ecclésiastique; — *la collection des* Pères de l'Eglise, *édition de Gaume, 1839;* — Code Lamoignon; — *un manuscrit de Bodin* : De abditis rerum arcanis, *donné en 1846, à ses confrères, par Dubréna;* — Muratori; — Fontes juris ecclesiastici, *de Walter;* — Speculum Durandi, *1546;* — Des plaies légales, *de Laya;* — *les deux cent trente-huit volumes formant le* Recueil des arrêts du Parlement de

Paris, *dont le premier volume porte cette inscription : « Cette précieuse collection m'a été « donnée par les princes d'Orléans, enfants du « feu roi Louis-Philippe, et je n'ai pas cru pouvoir mieux faire, pour la conserver à la « France, que de la transmettre, à titre de don, « à nos honorables confrères de l'ordre des avocats de Paris; février 1856; Dupin, ancien « bâtonnier » ; avec son cachet, portant à l'exergue :* Libre défense des accusés.

Ainsi, et malgré le cercle de feu qui l'enserrait de toutes parts, la Sainte-Chapelle était sauvée et elle avait préservé tout ce qui la touchait, comme ces martyrs des saintes légendes que les flammes léchaient sans leur faire mal (1). Dans le Palais de justice, effondré et consumé par le feu, on reconnut aussi, comme un nouveau et heureux présage, après tant de désastres (2), que

---

(1) Déjà, dans la nuit du 10 au 11 juin 1776, dans la Sainte-Chapelle, le trésor des chartes fut préservé des flammes qui dévoraient le Palais de justice.

(2) Au milieu de cet entassement de ruines amoncelées dans la salle des Pas-Perdus, au Palais, la statue de la Justice, en bas-relief, sculptée au-dessus de la porte de la Cour de Cassation, est seule restée intacte. Le service correctionnel, le parquet de première instance, les archives, les actes de l'état civil,

l'auguste image de la Justice était seule restée debout.

J'avais déjà, avec une respectueuse sollicitude, étudié nos anciennes juridictions, le Parlement de Paris et le Châtelet, et j'ai songé bien souvent que leurs arrêts avaient été rendus et inspirés à l'ombre de la religion; ne désespérons donc plus, la Croix et la Loi demeurent comme des ancres de salut auxquelles il faut nous rattacher dans la tempête. Oserai-je avouer aussi que j'ai été, dans mon nouveau travail, puissamment soutenu par l'espérance que mes recherches, en s'attachant ici à la Sainte-Chapelle, ce monument désormais indestructible, deux fois consacré par le péril et par le deuil, deviendraient ainsi moins périssables, soutenues par l'intérêt de tous, par la vénération publique, et qu'elles laisseraient peut-être un jour quelque souvenir de moi! Puissé-je aussi avoir le même privilége que ce sculpteur athénien qui, ayant humblement travaillé à la statue de Minerve, grava son nom obscur dans un coin de l'im-

---

le greffe de la Cour d'assises, les casiers judiciaires ont été consumés, malgré l'activité déployée par les pompiers de Provins, de Tours, de Montereau, de Chartres et de Maisons-Laffitte.

mortel ouvrage, sous le bouclier de la déesse.

L'ancien Paris réclame, d'ailleurs, toutes nos admirations, tous nos respects, toutes nos sympathies, toutes nos pitiés; il a été si grand autrefois, il est si malheureux aujourd'hui! Sous le souffle des années ou sous l'action du crime déchaîné par l'aveuglement et par la folie, ses débris vénérés disparaissent chaque jour, emportant de pieux souvenirs; il m'a paru bon de les recueillir tous en ce livre, et de tenter ainsi de les préserver de l'oubli. Le présent est sombre (1), l'avenir bien mystérieux, et c'est en se retournant vers le passé que notre pays peut encore se retremper virilement et y puiser le patriotisme, la foi dont étaient animés nos ancêtres, et dont notre époque a tant besoin. Au-dessus de tant de désastres amoncelés par le temps et par la main des hommes, l'espoir divin surnage encore avec l'âme de la patrie. Fluctuat nec mergitur : c'est la devise de Paris, que ce soit aussi celle de la France.

---

(1) Voir le beau et noble discours prononcé par M. Gilardin, premier président de la Cour de Paris, à l'audience de rentrée du 5 juin 1871.

CHAPITRE PREMIER.

FONDATION DE LA SAINTE-CHAPELLE.

u commencement du onzième siècle, le roi Robert II reconstruisit presqu'entièrement (1) le Palais de la Cité ; il l'enrichit d'une chapelle dédiée à saint Nicolas, et d'une autre placée sous l'invocation de Notre-Dame-de-l'Etoile. Cette dernière, restaurée en 1154, prit le nom de chapelle de la Sainte Vierge. Le Palais fut la demeure de nos rois jusqu'à l'année 1366, époque à laquelle Char-

(1) Voyez *Le Parlement de Paris*, 1860. Cosse, éditeur.

les V le quitta pour aller habiter l'hôtel Saint-Pol; mais aucun de nos souverains n'oublia jamais que saint Louis « fit construire la « Sainte-Chapelle, tant pour y faire, comme il « faisoit, sa dévotion, qu'afin que ceulx qui lui « demandoient justice, et ceulx qu'il commettoit « pour la rendre, et lui-même le premier, al- « lassent invoquer le Saint-Esprit. » De là l'usage antique et constant, que nos rois ont religieusement conservé, de se rendre à la Sainte-Chapelle, pour y entendre la messe, toutes les fois qu'ils vont siéger au Parlement. Déjà Louis VII avait enrichi d'or et de pierreries le tombeau de saint Denis; mais le roi saint Louis encouragea les savants, les artistes et les beaux-arts (1), encore plus que ses prédécesseurs. L'Orient, qui lui fournissait de pieuses reliques, lui donnait aussi les moyens de les enchâsser avec une richesse inconnue aux âges précédents. De l'Orient, on apportait en France les diamants et l'or le plus pur; de l'Orient aussi venaient ces merveilleuses arabesques, dont l'imitation enfanta une architecture nouvelle; cette variété d'orfévrerie, le filigrane, dont l'art religieux fit un si utile em-

---

(1) *Paris et ses historiens* (p. 469-470).

ploi, comme en font foi la Sainte-Chapelle et ses précieux reliquaires, notamment le chef de saint Louis.

Déjà, en l'an 1000, le moine Théophile (1), orfévre comme saint Eloi, disait à son disciple :

O mon cher fils, tu t'es approché avec foi de la maison de Dieu, tu l'as décorée avec magnificence, parsemant les voûtes et les murs de travaux divers et de couleurs variées; tu as, en quelque sorte, exposé aux regards une image du paradis et son printemps diapré de fleurs, verdoyant de gazon et de feuillages; les immortelles légions de saints et les couronnes qui les distinguent. Tu as forcé la créature à louer Dieu, son créateur, à le proclamer admirable dans ses œuvres. L'œil de l'homme ne sait d'abord où se fixer : s'il s'élève vers les voûtes, il les voit fleurissant comme de brillantes draperies; s'il considère les murailles, c'est un tableau du ciel; s'il contemple les flots de lumière versés par les fenêtres, il admire l'inestimable éclat du verre, la variété du travail le plus précieux. Qu'une âme fidèle voie la passion de Jésus-Christ représentée par le dessin, elle est pénétrée de componction ; qu'elle regarde les supplices que les saints ont supportés ici-bas et leurs récompenses dans l'Eternité, elle revient

---

(1) *Diversarum artium schedula* (1843); in 4°, édition Lescalopier.

aux pratiques d'une vie meilleure ; qu'elle songe aux joies du ciel, aux tortures, au feu des enfers, elle est animée d'espoir pour ses bonnes actions et frappée de terreur, à l'aspect de ses péchés. Enflamme-toi donc, mon très-cher fils, désormais, d'une ardeur plus laborieuse ; ce qui manque encore parmi les instruments de la passion du Seigneur, viens le compléter dans tout l'essor de ta pensée ; sans ton secours, les divins mystères ni les services des autels ne peuvent s'accomplir. Ce sont les calices, les candélabres, les encensoirs, les vases des saintes huiles, les burettes, les châsses des reliques saintes (1), les croix, les missels et autres objets nécessaires au service de l'Eglise.

En France, l'art au treizième siècle a déjà fièrement pris son vol ; il est tout à fait indépendant, brillant, libre, n'emprunte rien, se suffit à lui-même. Qu'importe si la forme qu'il adopte ne lui permettra pas de survivre longtemps aux mœurs qui l'ont vu naître et dont il est la trop fidèle image ? Qu'importe s'il y a, chez lui, certains germes cachés de complications et de raffinements

---

(1) Voir, dans dom Bouillart, le devis de la châsse de Saint-Germain-des-Prés, faite en 1409, par Gaultier du Four, Jean de Clichy et Guillaume Boey. — Guillebert de Metz écrivait que « l'argent et pierreries estans aux reliques et vaissellement des « églises de Paris valoient un grant royaume (1434). »

qui hâteront sa fin? Il n'en a pas moins eu son âge d'or, son heure de gloire, son siècle de grandeur. Ses œuvres nous l'attestent, tout n'en est pas perdu; nous en pouvons, non sans orgueil, contempler encore aujourd'hui d'éblouissants vestiges. La Sainte-Chapelle du Palais, l'œuvre favorite de saint Louis, la création par excellence de cet art intelligent et inspiré, la Sainte-Chapelle existe encore, privée d'air, de jour et d'espace, emprisonnée (1) dans de sombres constructions qui l'étouffent, mais enfin saine et sauve, elle est debout, grâce au secours qu'elle reçut, il y a trente ans, de cette restauration depuis continuée et bientôt achevée. L'édifice, aujourd'hui affermi sur sa base, assuré contre l'injure du temps, restera, pour une nouvelle série de siècles, — l'honneur, la vraie parure de notre vieux Paris. C'est là, sous le hardi réseau de ces souples nervures, sous l'éclat coloré de ces verrières étincelantes, dans ce tabernacle aérien qu'il faut évoquer l'âme du saint Roi, vivant foyer d'amour, de charité, de compassion, de force et de dévouement. La Sainte-Chapelle, au dire des architectes, est estimée le bâtiment le plus

---

(1) *Joinville et le treizième siècle*, par M. L. Vitet, de l'Académie française.

hardi de France, ayant deux églises l'une sur l'autre.

La profonde vénération de Louis IX pour les saintes reliques, qu'il avait acquises de l'empereur Baudoin, l'engagea à faire élever un monument spécialement destiné à les contenir. C'est pour satisfaire à ce pieux désir qu'il rendit des lettres-patentes, datées de l'an 1245, par lesquelles il fonda la Sainte-Chapelle qui, nous l'avons dit, fut construite sur l'emplacement d'une petite chapelle Saint-Nicolas (1). La construction de la Sainte-Chapelle fut confiée à Pierre de Montreuil ou de Montereau l'un des plus habiles architectes du treizième siècle, qui avait aussi construit l'ancien réfectoire et la chapelle de la Vierge de l'abbaye de Saint-Germain-des-Prés, où il fut inhumé avec Agnès son épouse (2). On y voyait encore, en 1790, la tombe sur laquelle il était représenté, la règle et le compas à la main. *(Voir J. Morand.)* L'épitaphe suivante était tracée sur cette tombe : *Ici repose Pierre de Montereau (3),*

---

(1) Saint-Victor. *Tableau de Paris.*

(2) Dom Bouillart. *Histoire de l'abbaye Saint-Germain-des-Prés.*

(3) Pierre de Montreuil, outre la Sainte-Chapelle de Paris, a fait la Sainte-Chapelle de Vincennes, le réfectoire, le dortoir, le

l'honneur des mœurs et le maître des carriers. Dieu l'appela à lui à l'âge de 54 ans!

La construction de la Sainte-Chapelle coûta 40,000 livres tournois (800,000 livres); les reliques et les châsses avaient coûté 100,000 livres tournois (2,000,000 de livres).

Ce monument se composait de deux chapelles, qui, toutes deux (1), furent terminées et dédiées l'an 1248, ainsi que l'attestent deux inscriptions citées par Corrozet *(Antiquités, de Corrozet, augmentées par Parisien, 1576)*, et qui se trouvaient, d'après lui, sur le mur latéral du nord. A ce même mur était accolé un petit bâtiment, en forme de chapelle, et dont l'abside est représentée dans un dessin fait après l'incendie de 1776. Ce dessin

chapitre et la chapelle de Notre-Dame, qui sont dans l'abbaye Saint-Germain-des-Prés. Tous ces édifices portent la même date et la même manière de travail. (Félibien, *Recueil historique de la vie et des ouvrages des plus célèbres architectes*, f° 209.) — Un Eudes de Montreuil, sans doute parent de Pierre, fut aussi architecte; il accompagna saint Louis à la funeste croisade de 1248, et y perdit sa première femme, Machaut, d'après son épitaphe dans l'église des Cordeliers; il mourut en 1289.

(1) La chapelle haute fut dédiée par le légat Odo de Châteauroux, évêque de Tusculum, en présence de treize évêques, sous le vocable de la Sainte-Couronne et de la Sainte-Croix; et la chapelle basse, sous le titre de la Vierge Marie, par Philippe Berruier, archevêque de Bourges (7 avant les ides de mai).

fut relevé, d'après nature, par feu M. Thierry, architecte. D'après le tracé, ce corps de bâtiment, de même époque que la Sainte-Chapelle, se composait de trois étages surmontés d'une balustrade et d'une haute toiture. Les trois étages étaient éclairés par des croisées en ogive, divisées par des meneaux enrichis de trèfles et de sculptures. Le rez-de-chaussée servait de sacristie à la basse Sainte-Chapelle, et le premier étage à la haute; le second, voûté en ogives, formait, avec le comble, deux grandes chambres occupées par le trésor des chartes.

Dans la Sainte-Chapelle, par lui ainsi édifiée, ornée et embellie, le roi saint Louis plaça, non-seulement les saintes reliques, mais les ouvrages de piété qu'il avait pu recueillir.

Sanctus Ludovicus locum aptum et fortem (1) ad hoc ædificari fecit, scilicet Parisiis in capellæ suæ thesauro, ubi plurima originalia tàm Augustini, Ambrosii, Hieronymi atque Gregorii, nec non et aliorum orthodoxorum doctorum libros sedulò congregavit ; in quibus, quandò sibi vacabat, libenter studebat et aliis ad studendum libenter concedebat. Quandò studebat

---

(1) Gaufridus de Bello-Loco. *S. Ludovici vita, conversatio et miracula* (p. 44).

in libris et aliqui de familiaribus suis erant præsentes, qui litteras ignorabant, quod intelligebat legendo propriè et optimè noverat, coràm illis (1), transferre in Gallicum de Latino.

Pour les ouvrages condamnés, le saint Roi les faisait, de tout le royaume, apporter à Paris (2) pour y être brûlés, moyen aussi simple qu'énergique. Quand le bon roi Louis était outre mer, nous apprend Geoffroi de Beaulieu (3), il entendit qu'un grand roi des Sarrasins faisait rechercher, transcrire à ses frais et ranger dans sa bibliothèque tous les livres qui pouvaient servir aux philosophes de sa nation. Voyant que les fils des ténèbres paraissaient plus sages que les enfants de lumière, le bon Roi se promit de faire transcrire, à son retour en France, tous les livres relatifs à l'Ecriture-Sainte qui se pourraient rencontrer dans les diverses abbayes de son royaume. La collection qu'il parviendrait à réunir devait servir, non-seulement à lui-même, mais encore aux savants et aux religieux de son hôtel. Il faisait co-

(1) Francklin. *Les anciennes bibliothèques de Paris.*
(2) Le Beuf. *De l'état des sciences en France depuis la mort du roi Robert.*
(3) D. Bouquet, xx, 15.

pier des livres plutôt que d'acheter ceux qui étaient tout faits; par là, disait-il, le nombre des bons livres se trouvait multiplié. Les copistes qui ont été ainsi employés par saint Louis ne sont pas connus; mais un compte de la reine Blanche (1) (pour le temps écoulé entre la Toussaint, 1241, et la Chandeleur, 1242), mentionne un scribe d'Orléans qui copiait des psautiers pour la reine :

Filius Guidonis Coci pro scribendo psalterio. . . . , ... XL *sols.*

Filius Guidonis Coci apud Aureliani pro duobus psalteriis scribendis. . . . . C *sols.*

Le confesseur de la reine Marguerite nous rapporte :

Que saint Louis avoit la Bible glosée et originaux de saint Augustin et d'autres sainz et aultres livres de la sainte Escripture, esquex il lisoit et fesoit lire moult de foiz devant lui, ettens d'entre disner et heure de dormir, c'est à savoir quand il dormoit de jour, mais pou li avenoit que il dormist à tele heure, et quand il avenoit que il dormist, si demoroit il pou en son dormir. Et ce meesmes fesoit il moult de foiz après dor-

---

(1) *Bibl. nationale.* (Mss. latin 9017). — *Le Cabinet des manuscrits,* par Léopold Delisle.

mir, jusques à vespres, quant il n'estoit embesoigné de choses pesanz. Et fesoit ès heures et ès tens dessus diz appeler aucuns religieus ou aucunes aultres personnes honnestes, à qui il parloit de Dieu, de ses sainz et de leur fez, et à la foiz des ystoires de la Sainte-Escripture et des vies des Pères. Et avecques tout ce, chascun jour, quant complie estoit dite de ses chapelains en la chapelle, il s'enraloit en sa chambre et adoncques estoit alumée une chandelle de certaine longueur, c'est à savoir de trois piéz ou environ, et (1) endementières que ele duroit, il lisoit en la Bible ou aultre saint livre.

Le sire de Joinville (2) dit aussi :

Quant nous estions privéement léans, le roi s'asseoit aux piés de son lit et quant les prescheurs et les cordeliers, qui là estoient, li ramentavoient aucun livre qu'il oyst volontiers, il leur disoit : Vous ne me lirez point, car il n'est si bon livre après manger, comme quolibez, c'est-à-dire que chascun die ce que il veut.

Les livres du saint Roi servirent aux travaux du dominicain Vincent de Beauvais, qui, avec leur

(1) Bouquet (xx., 47-79).
(2) Œuvres de Joinville (édition de 1847, p. 448).

aide, composa ses *Miroirs,* et (1) l'auteur lui-même prend soin de rappeler, dans la Préface de l'un de ses traités, que le roi avait généreusement couvert les frais qu'avait entraînés la rédaction de ses écrits (2).

A l'exception des livres de sa chapelle *(præter illos qui ad usum capellæ pertinent),* le roi légua ses livres aux frères prêcheurs et aux frères mineurs de Paris, à l'abbaye de Royaumont et aux dominicains de Compiègne (3).

On a conservé des psautiers de saint Louis; l'un appartenait, dans ces derniers temps, à Mme la comtesse de Puységur. C'est un volume in-folio renfermant un calendrier, des scènes de l'Ancien Testament, des Evangiles, de la vie et des miracles de la Vierge, le psautier, les litanies des saints, des prières. On y lit trois notes nécrologiques : — *III Nonas maii obiit Sophia, Regina Dacie;* — *IIII Idus maii obiit Vuldemarus, Rex Danorum;* — *XIII Kalendas Julii obiit Alienor, comitissa Veromandie.* Après avoir appartenu à

---

(1) *Vincent de Beauvais,* par Boutaric (Plon, éditeur).

(2) *Epistola consolatoria.* Bibl. nat. — Mss. 1622 du fonds de la Sorbonne, fol. 15.

(3) Martène. Coll. VI, 363. — Voir aussi le volume 1474 du fonds de la Sorbonne, B. N.

la reine Ingeburge, femme de Philippe-Auguste, morte en 1236, ce psautier passa entre les mains de saint Louis, comme l'atteste une note du seizième siècle, qu'on lit au revers du dernier feuillet du calendrier : *Ce psaultier fu saint Loys.* Il était précieusement conservé au château de Vincennes, comme une relique du saint Roi, à côté d'un autre psautier fait, vers 1260, pour saint Louis, c'est celui qui, après avoir appartenu à la Bibliothèque nationale *(n° 10525 du fonds latin)*, est (1) aujourd'hui déposé au Musée des Souverains *(n° 32)*. On lit, en effet, dans l'inventaire des meubles de Charles V, établi en 1380 et reproduit en 1418 :

Item, un gros psaultier, nommé le psaultier Saint-Loys, très-richement enlumyné d'or et ystorié d'anciennes ymages, et se commance le second fueillet; *Cum exarserit.* Et est ledit psaultier fermant à deux fermouers d'or neellez à fleurs de liz, pendans à deux laz de soye et à deux gros boutons de perles et une pippe d'or *(Bibl. nation., Mss. français, 2705).*

(1) *Inventaire* ou *Catalogue des livres de l'ancienne Bibliothèque du Louvre.* Voir : *Notice des antiquités, objets du moyen âge, de la renaissance et des temps modernes, composant le Musée des Souverains,* par Barbet de Jouy, et L. Delisle : *Cabinet des manuscrits,* p. 402.

Item, ung aultre psaultier mendre, qui fut aussi à Monseigneur saint Loys, très bien escript et noblement enluminé et à grant quantité d'ystoires au commencement dudit livre. Et se commance au second fueillet : *Vas figuli,* ouquel a deux petiz fermouers d'or plaz, l'un esmaillé de France et l'autre d'Esvreux, à une pippe où il a ung très gros ballay et quatre très grosses perles.

Le Roy saint Loys (1) avoit la couronne d'espines Nostre Seigneur Jhesu-Crist et grant partie de la sainte Croix, où Dieu fu mis et la lance de laquele li costé nostre Seigneur fu percié. Et moult d'autres reliques glorieuses, que il aquist, pour les queles reliques, il fist faire la Chapelle à Paris, en laquele len dist que il despenca bien XL mille livres de tournois et plus. Et aourna li saint Roy d'or et d'argent et de pierres précieuses et d'autres joiaux les lieux et les dalles, où les saintes reliques reposent et croit ten que les aournemens desdites reliques valent bien cent mille livres de tournois et plus. Et ordina en ladite Chapelle chanoines et autres clercs, pour faire à tousjours le service en ladite Chapelle, devant les saintes Reliques dessus dites et leur assigna et ordena tant de rentes perpétuelles à prendre en deniers, en blé et en autres choses.

(1) *Vie de saint Louis,* par le Confesseur de la reine Marguerite. — Bibl. nationale (Mss. 716, p. 67).

FONDATION DE LA SAINTE-CHAPELLE.

Après avoir fondé ainsi la Sainte-Chapelle (1248), saint Louis en régla le service, institua des chapelains et leur assigna des revenus :

Nec erat sacræ capellæ (1) status donec ejus fabrica stupendæ artis perfecta est, de quâ sic Merula : sacellum sacræ capellæ in palatio omnium Cismontanorum audacissimum est, nàm sacellum sacello fornatico incumbit, nullis columnis mediis, sed lateralibus tantùm suffultum. Licet, inquam, admirari structuram hujus ædis sacræ, in quâ geminam spectes capellam aliam, super aliam extructam, quarum illa VII calendas maii 1248, consecrata est ab Odone, Tusculanensi episcopo et sedis apostolicæ legato in sancta Corona spinæ, quam sanctus Ludovicus, cum sacris aliis reliquiis, mense Junii, anni præcedentis, acquisierat à Balduino Constantinopolitano Imperatore, et sanctæ Crucis honorem, ista verò inferior iisdem die et anno sub Deiparæ Virginis patrocinio à Philippo Bituricensi archiepiscopo, ut liquet ex hisce duabus inscriptionibus, quæ adhuc exstant in suâ quoque capellâ ad murum septentrionalem : « Anno Domini 1248. « VII cal. Maii dedicata est ecclesia ista à venerabili « patre Odone Tusculanensi episcopo, in honore sa- « crosanctæ Coronæ spineæ Domini et vivificæ Crucis. « Anno Domini 1248. VII. cal. Maii dedicata est eccle-

---

(1) *Gallia Christiana*, p. 239 et suiv.

« sia ista à venerabili patre Philippo, Bituricensi ar-
« chiepiscopo, in honore gloriosissimæ Virginis geni-
« tricis Dei Mariæ. »

CHAPITRE II.

DONATIONS A LA SAINTE-CHAPELLE ET DESCRIPTIONS.

D'AUTRES institutions de saint Louis, relatives au culte et aux revenus de la Sainte-Chapelle, furent encore fondées. Philippe III joignit diverses donations à celles faites par son père; Philippe IV et Philippe V y ajoutèrent encore. Il y avait aussi des Saintes-Chapelles (1) à Notre-Dame de Vessivière (2), à Vincennes; à Dijon, diocèse de Langres; à Bourges;

(1) Bibl. nationale. Mss., collection Gaignières. *Saintes-Chapelles* (Latin, 7, 108).
(2) *Histoire de la Sainte-Chapelle de Notre-Dame de Vessi*

à Bourbon, diocèse de Bourges; à Champigny, diocèse de Chartres; à Brou; à Châteaudun, diocèse de Poitiers; il y avait aussi la Sainte-Chapelle du Vivier, près Fontenay-en-Brie, diocèse de Meaux, et enfin, la Sainte-Chapelle du Gué-de-Moulny, diocèse du Mans.

Jean, duc de Berri (1), avait aussi doté la Sainte-Chapelle de Bourges d'une magnifique librairie, dont les manuscrits les plus rares furent offerts, par les chanoines, au roi Louis XV (8 août 1752), et sauvés ainsi de la ruine à laquelle ils allaient être exposés de nouveau. C'était une pieuse émulation, entre les grands et les bourgeois, que le culte de la Vierge.

Au moyen âge, on le sait, des malédictions étaient formulées contre ceux qui tenteraient de dérober ou de maltraiter les précieux manuscrits. Sur la Bible de l'abbaye de Stavelot, en deux volumes, admirablement copiés par les moines Goderan et Erneston (2), sur l'ordre de l'abbé Radulfe,

---

vière, près du Mont-Dore, en Auvergne, par un religieux bénédictin de la Congrégation de Saint-Maur. — Clermont-Ferrand, imp. de Thibaud, 1845.

(1) Dom Martène. *Voyage littéraire*, t. XXIX.

(2) Cette Bible est devenue la propriété de M. David Fischbach, de Louvain.

on lit cette formule : « Servienti cuilibet et hos
« codices benè tractanti et dignè servanti perennis
« proveniat benedictio ; perverso autem alicui,
« per malivolentiam aut per invidiam hos malè
« tractanti sivè de ecclesiâ per fraudem et ma-
« lam concupiscentiam subripienti, æterna dam-
« natio (1). »

La Sainte-Chapelle de Paris dépassait, en beauté et en réputation, toutes ses sœurs des autres pays. Jean de Jaudun, qui a écrit, en 1323, ses *Deux éloges de la ville de Paris,* ne s'arrête, en parlant des églises, que sur Notre-Dame et la Sainte-Chapelle du Palais (2). L'historien décrit en ces termes l'œuvre si française (1245-1248) de Pierre de Montereau :

Sed et illa formosissima capellarum, capella Regis infrà mansionis Regiæ decentissimè situata, integerrimis et indissolubilibus solidissimorum lapidum gaudet structuris. Picturarum colores electissimi, ymaginum deauratio pretiosa, vitriarum circumquaque

---

(1) *Une bibliothèque belge, de l'an MCV,* par notre savant ami J.-J. Thonissen, membre de l'Académie royale de Belgique (Bruxelles, Hayez, imp., 1867).

(2) *Paris et ses historiens* (quatorzième et quinzième siècles. — Imp. impériale, 1867).

rutilantium decora pervietas, altarium venustissima paramenta, sanctuariorum virtutes mirificæ, capsularum figurationes extraneæ, gemmis adornatæ fulgentibus tantam utique illi orationis Domui largiuntur yperbolem, ut in eam subingrediens, quasi raptus ad cœlum, se non immeritò unam de Paradisi potissimis cameris putet intrare.

L'auteur de la description de Paris, sous Charles VI, Guillebert de Metz (1407-1434), mentionne les « quinze églises paroschiales en la cité « et parmi elles saint Martial et saint Michiel. » D'abord en dehors de l'enceinte du Palais, cette chapelle (où Philippe-Auguste avait été baptisé) y fut comprise à l'époque où l'on en reconstruisit la clôture, et Charles VI l'unit (1385) à la trésorerie de la Sainte-Chapelle. Elle n'a disparu qu'à la fin du siècle dernier, lors de l'élargissement de la rue de la Barillerie (1784).

« En la Sainte-Chapelle », dit notre auteur, « est grant partie de la sainte Croix, de la sainte « Couronne et aultres benoites reliques à mer- « veilles, et y a un grant pié d'un griffon (1). »

Dans son *Rational des divins offices,* Guillaume

(1) *Paris et ses historiens* (quatorzième et quinzième siècles. — Imp. impériale, 1867).

Durand nous apprend que, dans les cathédrales de Laon, Reims, Bayeux, Comminges, Saint-Denis, Saint-Bertin étaient, comme à la Sainte-Chapelle de Paris (1), suspendus des ongles de griffons, des crocodiles, des côtes de baleines, des bois de licornes, des œufs d'autruche.

Antoine Astesan, dans son poème latin, dédié à Jehan, comte d'Angoulezme (1451), décrit ainsi la Sainte-Chapelle et les reliques qu'elle contient (2) :

Præcipuè comptum formâ præstante sacellum,
Quod vulgus sanctam solet appellare capellam,
In quâdam dicti fundatam parte Palati,
In quo, (ne referam nunc cætera digna relatu,
Quæ sunt multa illìc), patinam, quâ sanctus ad almas
Ipse calix tegitur Missæ in sollemnibus aras,
Ex auro tantâ fabricatam vidimus arte,
Ut tanquàm vitrum, visu penetrabilis esset.
Vidimus et multas publicam quas semper ad aram
Relliquias monstrant (3); verùm servantur in arcâ

(1) *Revue archéologique.* Paris, 1848.
(2) *Paris au treizième siècle,* par A. Springer, traduit de l'allemand, avec Introduction et notes, par un membre de l'édilité parisienne (Victor Foucher). Paris, 1860.
(3) *Inventaire du Trésor de la Sainte-Chapelle* (Bibl. nationale, Mss.).

Majores aliæ, quæ ternis clausa tenentur
Clavibus assiduè, quarum servaries unam
Rex facit à magno, sibi qui camerarius extat
Quale habet officium nunc præstantissimus armis
Et virtute comes Dunensis, principis hujus
Aurelianensis frater, rectorque sacelli
Clavem alius servat, postremam continet autem
Regius aurifaber, quo gemmas possit et aurum
Thesaurosque omnes aliquandò revisere suum,
Ut restauret eos, dùm restaurare necesse est (1).

  Dicitur esse illìc ferrum, quo lancea cœci
Longini munita fuit, dùm vulnera Christo
Intulit et, sacro respersus sanguine tangens
Mox oculos, visum semet mirante recepit.
Dicitur esse etiam vestis non sutilis illìc,
Quam Jesus à puero gessit, quæ Virginis almæ
Factâ manu occultè (dictu mirabile!) tantùm
Crescebat quantùm corpus sublime gerentis.
Nec non et pannis quibus illum infantia texit,
Illaque quæ Christo sitienti spongia durum
Perfusa in liquido potum porrexit aceto.
Illìc esse ferunt et clavum de tribus unum,
Qui cruce pendentis foderunt duriter agni

---

(1) Voir l'*Inventaire des reliques* publié par M. Douët d'Arcq (*Revue archéologique de 1848*), et, à la Bibliothèque nationale, le Mss. de Joinville, 2016, — 206 suppl.

Artus et factam spinâ expungente coronam
Quâ caput infixum positi fuit in cruce Christi,
Dùm nos æternâ pius ille à morte redemît ;
Que ne fortè queat non illa corona putari
Tali nempe die quali nos credimus ipsum
Occisum Christum Judæâ à gente fuisse,
Floruit interdùm, floresque reliquit ibidem.
Illic esse ferunt etiam sudaria sacra,
Illa quibus Christum tumulandum, impulsus amore,
Involvit Joseph, partem aut (ne fallas), eorum ;
Linteaque illa quibus fuit is præcinctus in aulâ,
Quando pedes comitum lavit mitissimus agnus ;
Et sceptrum, et partem tumuli, diramque cathenam,
Quæ Christi insontis purissima membra ligavit,
Et lignum veræ Crucis et lac Virginis Almæ
Ac partem pepli Præcursorisque capillos,
Atque caput Blasii, Clementis, Simeonisque
Et quæ prætereà nimis esset dicere longum.
Quæ sacra ex victo fidei quàm credimus hoste,
Ad Gallos magnus portavit Karolus olim,
Aut alii Reges, Dominive, ducesve vetusti
Gallorum in toto quos virtus extulit orbe.
Ne mirere ergò si sancta capella vocatur (1).

(1) Bibl. nat., Mss., partie latine, 8851. *Evangiles* (onzième siècle), peintures, caractères à l'encre d'or, orfévrerie (quatorzième siècle), donnés par Charles V à la Sainte-Chapelle (8890). *Missel* des grandes fêtes pour la Sainte-Chapelle (seizième siècle), 8892. *Evangile* pour la Sainte-Chapelle (treizième siècle),

Est etiam in dicto res non retinenda sacello,
Quæ facit antiquo monumenta perennia palmo,
Tibia, pesque ingens, cum sovis unguibus ejus
Alitis immensæ, quam vix Gothofridus et acer
Et fortis pugnâ valuit superare feroci,
Ut rear arpias diras, fœdasque volucres
Æncam tanto non affecisse labore.
Transeo quod tantâ est duplicatum arte sacellum
Ut, quantùm suprà, tantùm celebretur id infrà.

9455. *Evangile* à l'usage de la Sainte-Chapelle (treizième siècle). Orfévrerie.

CHAPITRE III.

ORDONNANCES RELATANT LES LIBÉRALITÉS ROYALES.

A CHAQUE page des ordonnances, on trouve la trace des libéralités de nos rois envers la Sainte-Chapelle de Paris, fondée par l'un d'eux :

Lettres portant que les restes de tous les comptes seront employés aux réparations du Palais Royal et de la Sainte-Chapelle du Palais.

[Charles V, à Paris, le 20 novembre 1364.]

CHARLES, *par la grâce de Dieu, Roy de France :* à nos amez et féaulz les gens de nos comptes à Paris, salut et dilection. Comme en nostre

Palais Royal à Paris, et en la Sainte-Chapelle d'iceluy, esconviegne plusieurs grans réparations nécessaires tant en charpenterie, comme en maçonnerie, couvertures et autrement, qui peuvent et pourront monter à très grans sommes de deniers, pour les queles réparations nous avons ordené et ordenons par la teneur de ces lettres, et par délibéracion de nostre Conseil, tous les restes de tous les comptes ordinaires et extraordinaires deues de tous le temps passé, dores-en-avant en quelque manière que ce soit, estre tournez et converties esdites réparacions, et non autre part; exceptez les restes deues par les fins des comptes de la délivrance de nostre très cher Seigneur : nous vous mandons et estroitement enjongnons, sur la loyaulté et sermens en quoy vous estez astrains à nous, que nostredite présente ordenance, vous registrez par devers vous, et icelle tenez et gardez sanz enfraindre en aucune manière ; et commettez et deputez de par nous, une bonne et souffisante personne pour faire lever et executer toutes lesdites restes, par vous à luy baillé diligement soubz vos sceaux; et les deniers qui en seront levez et receus, baillé et délivré à plain à Jehan AMIOT paieur des œuvres de nostre dit Palais, et non à autres, jusques à ce que le dit Palais soit mis en estat convenable, pour quelcunque mandemens, commendemens ou deffenses qui en soient faits au contraire, soit de bouche, par lettres signez de nostre main ou autrement; nonobstant quelcunque lettres de repis ou dila cions par nous en nostre Cour, donnez ou à donner sur les dictes restes ou aucunes d'icelles, à quelcunques personnes que ce soit ou puist estre, et soubz quelque forme de parole que ce soit : lesquelles nous ne voulons estre en aucune manière préjudiciables à nostre dite ordenance : et gardez bien que en ce n'ait aucun deffaut, et que par vostre negligence ou deffaut de finance, le dit Palais, ne les 'diverses mansions et habitacions d'iceluy, ne cheent en aucune ruyne : car il nous desplairoit très grandement.

Donné à Paris, le vingtième jour de novembre, l'an de grace mil trois cent soixante et quatre. Par le Roy : B. François.

Lettres de Louis XI par lesquelles il donne, sa vie durant, à la Sainte-Chapelle de Paris, les régales sur toutes les églises de son royaume.

[Louis XI, à Paris, le 14 septembre 1465.]

LOYS, *par la grâce de Dieu, Roy de France,* à tous ceux qui ces présentes lectres verront, salut. Comme par le glorieux confesseur et benoist monsieur saint Loys, jadis Roy de France, patron et principal fondateur de la Saincte-Chapelle de nostre Palais, à Paris, et par noz autres prédecesseurs, ses successeurs, Roys de France, icelle Saincte-Chapelle, qui est nostre principal et solemnel oratoire royal en nostre

Royaulme, en laquelle repose et resplendit le très précieux et merveilleux trésor des très dignes enseignes de la benoiste passion de nostre saulveur et rédempteur Jesus-Christ, et en laquelle, comme il est très nécessaire et très bien acquis, d'ancienneté et de tout temps est accoustumé estre faict continuellement, tant de jour comme de nuit, à l'honneur et louange de Dieu, nostre créateur, et à la gloire et magnificence de nosdicts prédécesseurs, Roys de France, de nous, de nostre dict Royaulme grand et solempnel service, entre les aultres esglises tant métropolitaines que cathédrales de nostre dict Royaulme, ayt ès temps passés esté doée de plusieurs rentes et revenuz, terres, héritages, et possessions, qui souloient estre de bonne et grande valleur et en divers lieux de nostre dict Royaulme, lesquelles, à l'occasion des guerres et divisions qui ont eu cours en icelluy nostre dict Royaulme, sont tant et tellement diminuées qu'elles ne suffisent à tourner aux charges et nécessitez de la dicte Saincte-Chapelle, ne pour les vie et estat des personnes suffisantes continuant jour et nuict le divin service en icelle selon la fondacion et l'institution d'icelle Saincte-Chapelle, et des personnes ordonnées en icelle, parquoy le divin service ne pourroit bonnement estre entretenu ne deuement continuer comme il appartient, si par nous n'estoit plus amplement subvenu à icelle Saincte-Chapelle de provision convenable : Sçavoir faisons que Nous désirans de tout nostre cœur et voulans de tout nostre pouvoir ensuivre les très louables faicts et voyes salutaires dudict benoist saint Loys et nos autres prédécesseurs Roys de France, ayans comme bien avoir devons, en tout honneur et très singulière révérence les dictes très dignes enseignes de la benoiste passion de nostre sauveur et rédempteur Jesus-Christ et les autres précieuses reliques si très réveremment colloquées en ladicte Saincte-Chapelle, auxquelles avons très fervente dévocion et entière affection, et aussi à la continuacion du dict service divin et à l'entretenement d'icelle Saincte-Chapelle, trésorier et chanoynes de la dicte Saincte-Chapelle, pour certaines grandes causes et considéracions à ce nous mouvans et mesmement que nous sommes tenuz soustenir et entretenir le dict divin service et autres necessitez et charges d'icelle Saincte-Chapelle, avons donné et octroyé, donnons et octroyons, de grace espéciale, par ces présentes, tous et chascuns les fruicts, prouffits, revenuz et esmolumens quelzconques, venans, issans, et qui viendront ou escherront des régalles et droicts d'icelles qui nous appartiendront et pourront competer et appartenir et eschoir, en quelque maniere que ce soit, de et en toutes et chascunes les esglises tant metropolitaines que cathédralles, de nostre dict Royaulme et par tout icelluy nostre Royaulme et seigneurie, et à cause d'icelles et des droicts d'icelles, nostre vie durant [pour les convertir et employer la moictié en la continuation et entretenement du dict divin service en la dicte

Saincte-Chapelle, et l'autre moictié en ornements et vestemens d'esglise et en linge pour le dict divin service, et à soustenir et entretenir les voirrieres de la dicte Saincte-Chapelle et aussi autres reparacions d'icelle]; lesquelles reparacions, necessitez et autres charges dessusdictes nous conviendroit autrement fournir de noz autres propres deniers, et moyennant et parmy ce, nous entendons demourer quittes et dechargéz de tout ce qui nous pourroit être demandé, tant à cause du dict service divin, comme aussi des dictes reparacions et aultres charges et necessitez des susdictes, nostre dicte vie durant, pour autant que monteront au prouffit de ladicte Saincte-Chapelle et desdicts trésorier et chanoynes et aultres personnes d'icelle Saincte-Chapelle, faisans et continuans et qui feront et continueront le dict divin service en icelle, les dicts fruicts, prouffitz, revenuz et esmolumens des dictes regalles. Si donnons en mandement par ces présentes à nos amez et féaulx les gens de nos comptes et trésoriers que les dicts trésorier et chanoynes de la dicte Saincte-Chapelle, ils facent et seuffrent et laissent joyr et user plainement et paisiblement de nostre dict don et octroy, sans leur y faire ou mectre ne souffrir estre faict, mis ou donné auscun empeschement ou destourbier, mais si faict ou mis y estoit par importunité de requérans ou aultrement, en quelconque manière qu'ilz le facent incontinent et sans deslay oster et lever au profit de la dicte Chapelle et des dits trésorier et chanoynes d'icelle, en faisant et consentant le général receveur des dictes regalles ou ses commys qui, pour lors ou le temps advenir, seront commys à la dicte recepte, avoir, cueillir et lever entièrement tous les dicts fruicts, prouffits, revenus et esmolumens d'icelles regalles, nostre dicte vie durant, et les bailler et délivrer, c'est à scavoir, comme dict est, la moictié aux dicts trésorier et chanoynes pour convertir et employer à la continuacion et entretenement du dict service divin de la dicte Sainte-Chapelle, et l'autre moictié convertir et employer par le dict receveur général, par l'advis toutefois et ordonnance de nos dicts gens des comptes et trésoriers ou de l'un d'eulx à ce député par eulx, et desdicts trésorier et chanoynes de nostre dicte Sainte-Chapelle ou de leurs commys et députés, en ornemens et vestemens d'esglise et en linge pour le dict divin service et à soustenir et entretenir les dictes voirrieres de la dicte Saincte-Chapelle et esdites aultres reparacions d'icelle Saincte-Chapelle; et par rapportant ces présentes signées de nostre main ou vidimus d'icelles faict soubz scel royal pour une fois, et quittance desdicts trésorier et chanoynes touchant leur dicte portion pour l'entretenement du dict service divin et aussi quittance des ouvriers qui auroient faict les dicts ouvrages ou reparacions et des aultres qui auront fourny aux dictes necessitez et charges ou auscunes d'icelles, et certificacion quant aux dicts ouvrages, reparacions, necessitez, et charges de la dicte Saincte-

Chapelle, de nos dicts gens des comptes et trésoriers ou de leurs dicts députez et les dicts trésorier et chanoynes, ou de leurs dicts commys et députez, en tant qu'à chascun d'eulx appartiendra, voullons les dicts receveur général, ses commys et chascuns d'eulx, demourer et estre tenuz quictes et dechargez des sommes de deniers que, pour les causes dessus dictes ou auscunes d'icelles, ils auront, comme dict est, payé, baillé, et icelles sommes de deniers et chascune d'icelles estre allouées es comptes du dict receveur général des dictes regalles et rabbatues de sa recepte par les gens de nos dicts comptes, auxquels nous mandons que ainsi le facent sans aucune difficulté; et s'il advenoit le temps advenir, que nous, non records de nostre dict don et octroy, ou par importunité de requérans ou autrement, fissions auscun don ou octroy ou aucuns dons ou octroys touchans les dicts fruicts, prouffitz, revenuz et esmolumens des dictes regalles ou d'auscunes d'icelles ailleurs ou à autres personnes que à la dicte Saincte-Chapelle et aux dicts trésorier et chanoynes d'icelle, nous voullons, ordonnons et déclairons, dès maintenant pour lors, tout ce qui par nous seroit faict et ordonné au contraire de nostre dict don et octroy estre nul et de nul effet et valleur, en témoing de ce, nous avons faict mettre notre scel à ces dictes présentes.

Donné à Paris, le quatorzième jour de septembre, l'an mil quatre cent soixante-cinq et de nostre règne, le cinquiesme. — Ainsi signé : LOYS. — *Par le Roy, l'admiral, les sires du Lau, de Bazoges, l'Evesque d'Esvreux, maistre Simon Bureau, et aultres présens. —* Leprevost.

Les gens des comptes et trésoriers du roy nostre sire, à Paris, veues les lectres d'icelluy seigneur, signées de sa main, ausquelles ces présentes sont attachées soubz l'un de nos signets, impetrées et à nous présentées de la partie des trésorier et chanoynes de la Saincte-Chapelle du Palais Royal à Paris, par lesquelles, et pour les causes contenues en icelles, ledict sire leur a donné et octroyé tous les fruicts, prouffitz, revenuz et esmolumens quelzconques qui luy appartiendront et escherront, sa vie durant, à cause des regalles, ès esglises metropolitaines et cathédralles en et par tout le Royaulme et seigneurie de France, pour les convertir et employer la moictié en la continuacion et entretenement du service divin en la Saincte-Chapelle, et l'autre moictié en ornemens et vestemens d'esglise et en linge pour le dict divin service et à soustenir et entretenir les voirrières et autres reparacions d'icelle Saincte-Chapelle, moyennant et parmy ce que le Roy nostre dict sire, demourera quicte et dechargé de tout ce qui luy pourroit estre demandé, tant à cause du dict divin service, comme des dictes reparacions et aultres charges et nécessitéz dessus dicts, sa vie durant, pour autant que monteront, au prouffit de la dicte Saincte-

Chapelle et des dicts trésorier et chanoynes et autres personnes d'icelle Saincte-Chapelle faisans et continuans le dict divin service en icelle et les dicts fruicts, prouffitz, revenuz et esmolumens des dictes regalles, la dicte vie durant du dict sire, comme plus à plain les dictes lectres royaulx la contiennent : Consentons, en tant comme en nous est, l'enterinement et accomplissement d'icelles, jusques à neuf ans à venir et prochains ensuivans, soubz les condicions et provisions dedans contenues et tout ainsi et par la forme et manière que le Roy nostre dict sire le veult et mande.

Donné à Paris, le sixiesme jour de novembre, l'an mil quatre cent soixante cinq. — Collationné.

CHAPITRE IV.

RÉPARATIONS ET REVENUS DE LA SAINTE-CHAPELLE (1).

OUTRE les réparations faites aux maisons des chanoines et chapelains perpétuels de la Sainte-Chapelle, avec les deniers provenant des régales, les comptes des bâtiments des maisons royales prouvent (2) que plusieurs de ces réparations ont été directement, en

(1) Comptes-rendus dans les années 1370, 1390, 1414, 1457, 1500, relevés en 1704 par Ganneau, procureur et contrôleur de la Sainte-Chapelle.
(2) *Mémoires pour l'histoire de la Sainte-Chapelle du Palais Royal à Paris*, recueillis par M. Gilles d'Ongois, chanoine de la même église (Archives nationales, section historique L. — *Eglises de Paris*).

tout temps, opérées aux dépens de nos rois très-chrétiens.

La même constatation paroit encore, d'après un certificat donné par le frère Romain Jacobin, architecte et inspecteur des bastiments du Roy, le 15 décembre 1703, de plusieurs réparations faites aux dépens du Roy, dans quelques maisons de trésorier et chanoines, dans la maison des enfants de chœur et dans celle des chapelains et clercs. A l'égard des réparations de l'église, des ornements, du luminaire, etc... ils ont toujours été faits aux dépens du Roy comme il paroit par les comptes de la chevecerie, qui sont dans la Chambre des comptes et dont le plus ancien est de l'année 1314, rendu par Guy de Laon, thrésorier de la Sainte-Chapelle; les autres ont été rendus par ses successeurs thrésoriers ou leurs commis en leur nom.

Les revenus de la chevecerie *(selon les lettres de Philippe le Long 1317)*, étoient de 400 livres parisis à prendre sur les échiquiers de Rouen; depuis, ils furent augmentés successivement jusqu'à la somme de 7000 livres, par arrêt du conseil du 2 septembre 1655).

Et parce qu'il y a eu des temps où les reveneus de la chevecerie et des régales n'étoient pas suffisants pour faire les réparations et fournir les ornements et nécessités de la Sainte-Chapelle, les Roys y ont suppléé de leurs deniers, c'est pourquoy le roy Charles V, par ses lettres du 20 novembre 1364 *(Mémorial de la*

Chambre des comptes, cotte D), fait don à la Sainte-Chapelle des restes des comptes pour être employés aux réparations de la Sainte-Chapelle.

Après avoir marqué ce que le roi Charles V a fait pour la Sainte-Chapelle, on trouvera bon que nous disions qu'après qu'il eut fixé sa demeure dans Paris, à l'hôtel Saint-Paul, on apporta, dans la Sainte-Chapelle, un grand tableau représentant l'entrevue qui se fit à Avignon, en 1362, du roi Jean, son père, après son retour d'Angleterre, avec le pape Urbain cinquième, que l'on appelait avant son exaltation au pontificat, Guillaume Grimoye ou Grimoard, et que nous donnions l'explication de ce tableau, que l'on voit encore dans la Sainte-Chapelle, au-dessus de la porte de la sacristie.

Ce tableau représente la salle du palais d'Avignon où les Papes donnoient des audiences publiques; on y voit, au dessous des corniches et des chapiteaux, dont cette salle est entourée et ornée, une riche tapisserie ; au haut de la salle est la figure du Pape assis dans un grand fauteuil à dos, posé sur une estrade; auprès de luy, sur une espèce de crédence, il y a un reliquaire qui marque que c'est la salle de ses audiences ; vis à vis le Pape est le roy Jean, teste nue, vêtu d'un habit violet, qui marque le deuil qu'il portoit de la mort de la reyne Jeanne de Boulogne, sa seconde femme. Il est assis dans un riche faldistoire ou fauteuil pliant, sans dossier, étendant la main pour recevoir le présent que le Pape lui fait d'un tableau fait en manière d'un double pignon, selon la mode de ce temps là. Ce tableau représente le portrait de Notre Seigneur d'un côté, et de l'autre côté celui de la Vierge, sa mère, qui est une copie de l'original fait par saint Luc, que l'on garde à Rome. Ce petit tableau est porté et soutenu par un homme, vêtu d'un habit d'écarlate avec l'épée et le poignard au côté, ce qui marque que c'étoit un homme de qualité.

En 1484, le roy Charles VIII, par ses lettres du 4 mars au dit an, ordonna « aux gens des comptes et « thrésoriers de faire les réparations de la Sainte-Cha- « pelle des deniers de son domaine. »

En 1612 ou 1613, « le roy Louis XIII donna « 3000 livres pour faire les tapisseries de velours vio- « let semées de fleurs de lis en broderie d'or *(Comptes* « *des régales rendus le 24 janvier 1617).* »

Après l'incendie du comble, du chœur et du clocher de la Sainte-Chapelle, arrivé le 26 juillet 1630, le comble et le clocher furent faits aux dépens du roy, par ordonnance de la Chambre des comptes *(Comptes qui en ont été rendus à la même Chambre des comptes).*

En la même année, le roy Louis XIII donna 3ooo livres pour être employés au rétablissement de la grande châsse des saintes reliques (*Comptes des régales rendus en 1641*).

En 1671, on plaça sous le clocher plusieurs poutres pour en soutenir la charpente, et le cul-de-lampe du clocher fut couvert de plomb et doré, par ordre de Jean-Baptiste Colbert, ministre d'état, controlleur-général des finances et des bastiments, ce qui coûta plus de 20000 livres.

Depuis ce temps, en 1691, on a refait de pierre les appuys des gouttières de la Sainte-Chapelle, qui avoient été ruinées par le feu de 1630, et mis deux gros tuyaux de descente, et, en 1707, on a raccommodé tout le plomb du cul de four ou comble de la Sainte-Chapelle, sous la direction de Fournier de Montigny, thrésorier de France.

En 1626, le 4 juillet, fut lu dans l'assemblée des trésoriers et chanoines, le contrat que la Chambre des comptes avoit passé avec Pigart, orfévre de la Sainte-Chapelle, pour faire une châsse d'argent doré, représentant la Sainte-Chapelle, pour être mise dans l'église ; après qu'il eût esté aprouvé, il fut résolu de remercier la Chambre et la prier de tenir la main à l'exécution de ce contrat (*Registres de la Sainte-Chapelle*). On donna ensuite à cet orfévre plusieurs reliquaires défectueux, dont on avoit osté les reliques et mis dans des papiers séparez et étiquetez, plusieurs pièces de vaisselle d'argent inutilles, avec quantité de pierreries et cristaux et émaux qui se trouvèrent dans la Sainte-Chapelle, pour être employés à la construction et embellissement de cette châsse, qui fut mise sur le grand autel, au-dessus de la crosse du Saint-Sacrement. Avant que de placer cette châsse, on mit dedans toutes ces reliques, avec leurs étiquettes; quelques années après, comme on s'aperçut que par les ouvertures du comble et les jointures des cristaux, qui sont aux fenestres de cette châsse, il y estoit entré beaucoup de poussière, on fit faire une cassette de bois de chesne doublée de taffetas rouge cramoisy et couverte de satin rouge cramoisy, bordée de gallons d'or, dans laquelle on rangea toutes ces reliques sur trois différents licts de coton, pour les préserver de la poussière et les tenir plus décemment. Comme il falloit les remuer toutes lorsqu'on en vouloit quelqu'une, et qu'en les maniant il y avoit danger qu'elles ne fussent réduites en poussière, on fit faire trois tableaux de bois de noyer, en forme de layettes, garnis de satin rouge, au fond duquel on attacha toutes ces reliques avec du fil de laiton, après y avoir mis des étiquettes escrites sur du velin, pareil aux anciennes, dont la plupart y sont demeurées;

on couvrit ensuite ces tableaux avec des glaces autour desquelles on mit des bordures d'argent, on plaça dans la grande armoire de la sacristie les deux plus grands tableaux; le troisième tableau a esté mis dans la cassette couverte de satin rouge, qui est dans ladite châsse de vermeil doré, avec la discipline de saint Louis, enfermée dans une petite boiste de satin rouge cramoisy, bordée de galon d'or.

Comme nous l'avons énoncé plus haut :

Le vendredy 26 juillet de la mesme année (1630), sur les 4 heures de relevée, le feu prit à la couverture et au clocher de la Sainte-Chapelle, par la faute des plombiers, qui y travailloient. Le trésorier et les chanoines firent aussitôt avertir le duc de Montbazon, gouverneur de Paris, le bailly du Palais et l'Hôtel de Ville, pour y envoyer des secours. Lorsqu'ils furent arrivez le clocher s'écroula, et comme on crut la voulte en danger, on força la grande châsse contenant les saintes reliques, on les tira de la châsse et on les mit dans la sacristie, sous une sûre garde, en présence du bailly du Palais, qui en dressa son procès verbal. Le samedy suivant, 27 dudit mois, on députa à la Chambre des comptes pour aviser à ce qu'il y avoit à faire après cet incendie. Le premier président de la Chambre des comptes, l'advocat-général, le procureur-général et le greffier montèrent à la Sainte-Chapelle avec les chanoines, ils entrèrent dans la sacristie du trésor, où ils firent le recollement des saintes reliques, qui se trouva conforme aux précédents procès verbaux et inventaires, on les enferma ensuite dans des coffres-forts, et on fit murer la porte de la sacristie pour plus grande sureté. Le mardy suivant, les trésorier et chanoines envoyèrent un courrier exprez, chargé d'une lettre pour le Roy, qui estoit à Lion, ils joignirent à la lettre une copie du procès verbal de ce qui avoit esté fait, afin que le Roy en eût une plus entière connoissance. Le Roy fit réponce qu'il estoit bien aise de ce que les saintes reliques avoient esté conservées et qu'il avoit donné ses ordres pour travailler promptement au rétablissement de la Sainte-Chapelle, et qu'il souhaitoit qu'on continuât le service divin, dans la basse Sainte-Chapelle. Dez le 27 aoust, on avoit commencé à faire le service dans la chapelle de saint Michel, pendant qu'on netoyoit la basse Sainte-Chapelle, où l'office fut ensuite célébré jusqu'au mois de mars de l'année 1631 que la Sainte-Chapelle fut mise en estat d'y faire le service. Les trois bassins d'argent suspendus devant les reliques, qui avoient esté egarez, furent raportés (*Registre de la Sainte-Chapelle où sont transcrites la lettre du Roy adressée au trésorier Gilles de Souvré, evesque d'Auxerre, celle que le garde des sceaux de Marillac et celle que le trésorier avoient écrittes au Roy*).

En 1661, au mois de septembre, on fit des processions pour les maladies, qui régnoient alors, on sortoit par la porte du May et on rentroit par la porte de Sainte-Anne *(Registres de la Sainte-Chapelle)*.

Le premier jour de février 1666, on fit la bénédiction des quatre cloches. Il n'y en avoit point eu depuis celles, qui furent fondues en 1630, par le feu, lors de l'incendie du clocher et du comble. On se servoit des cloches de la chapelle de Saint-Michel pour sonner l'office *(Registres de la Sainte-Chapelle)*.

En 1688, pour empêcher les irreverences et desordres, qui se commettoient les soirs et les nuits sous le porche de la basse Sainte-Chapelle, fut posée autour du dit porche la balustrade de fer, en l'estat où on la voit présentement ; elle a coûté 371 livres *(Registres de la Sainte-Chapelle)*.

En la mesme année (1690), à l'occasion des grandes eaux, qui étoient entrées pendant l'hyver dans la basse Sainte-Chapelle, et en avoient bouleversé toutes les tombes, on travailla à les faire rétablir et embellir la basse Sainte-Chapelle. On enleva toutes les balustrades de bois, qui séparoient le chœur et les six chapelles de la nef, on supprima deux chapelles, pour allonger le chœur d'une arcade ; on adossa contre le mur les autels des quatre chapelles ; on transféra l'office de la chapelle de Saint-Louis à celle de Saint-Michel-du-Haut-Pas, et celuy de la chapelle de Saint-Jean-l'Evangéliste à celle de Saint-Jacques. On ôta des fenestres les anciennes vitres et les compartiments de pierre, qui en diminuaient le jour, et on fit mettre à la place des vitres de verre blanc. On fit faire un carreau, sous l'arcade la plus proche du grand autel, aux dépens des trésorier et chanoines, pour leur sépulture. On fit reculer le grand autel de quelques pieds, pour lequel furent faits un marche-pied et un tabernacle dessus, dont le président de Harlay voulut bien faire la dépense. On fit aussi percer de la largeur d'une arcade le mur, qui séparoit le chœur d'avec la chapelle du cimetière et fermer la porte qui estoit dans le cimetière. On fit orner et clore cette chapelle d'une grille de fer, dont Gilles d'Ongois (1) voulut bien faire la dépense. On fit aussi séparer le chœur d'avec la nef, par une grille de fer, et lambrisser le chœur d'une menuiserie tout autour, avec des bancs en haut et en bas, pour le clergé quant on y fait le service divin. Le tout fut payé partie de l'argent provenant de la vente des débris de l'ancienne menuiserie et autres matériaux, et le surplus, par le receveur commis par la Chambre

---

(1) M. Gilles d'Ongois, se fit prestre à l'âge de 46 ans; aumonier du Roy en 1655, conseiller de la Chambre souveraine des décimes établie au Palais en 1662, il eut la chapelle du cimetière de la basse Sainte-Chapelle en 1676.

des comptes à la recette de la moitié des revenus de la mense abbatiale de l'abbaye de Saint-Nicaise de Rheims. — Cette chapelle du cimetière estoit originairement une voulte qui soustenoit la chapelle de Saint-Louis, et qui n'estoit pas fermée en l'année où le roy François premier permit à Jean Parent, chanoine de la Sainte-Chapelle, d'y faire mettre une clôture, la quelle il fit faire de pierre, avec une porte et une grande fenestre du costé du cimetierre. Il y fit faire aussi un cimetierre, pour y dire la messe, sans aucune fondation. — On l'appela depuis la chapelle du cimetierre, dans laquelle on n'a point de connoissance qu'il y ait eue aucune chapellenie fondée *(Registres de la Sainte-Chapelle)*.

En septembre et octobre 1738, les cloches de la Sainte-Chapelle, au nombre de quatre, dont deux avoient été cassées, ont été refondues et ce présent mois d'octobre doivent être bénites et baptisées (1). Elles ont été tenues : la grosse, par le Roy et la Reyne; la moyenne, par Monsieur le Dauphin; la troisième par Monsieur le duc d'Orléans et encore par l'une de Mesdames de France, et la quatrième, par Monsieur le duc de Chartres, et encore par l'une de Mesdames de France, dont la cérémonie devoit être faite au plustôt

(1) Archives nationales, section historique *(Mémoires de la Sainte-Chapelle)*.

devant être montées au clocher, pour les fêtes de la Toussaint, ce qui n'a point été. Le septième du mois d'octobre, je les ay vues dans l'église et se nommoient Louise toutes les quatre. Il y en a une cinquième, tenue par Monsieur de Nicolay, P. P. de la Chambre des comptes et une nièce de Monsieur le Cardinal ministre, parce qu'il y avoit eu une contestation entre le Chapitre et la Chambre des comptes pour les avoir refondues, sans l'avoir permis par un arrest, elle s'appelle Anne. Elles ont été bénites, le samedy 9 mai 1739, par Monsieur l'abbé des Sailly, chantre et chanoine de la Sainte-Chapelle, et doivent être sonnées pour la première fois, samedy prochain, veille de la Pantecôte, seizième de ce mois pour l'eau bénite. Sur les cloches, se lisent les inscriptions suivantes :

« 1º Au mois d'octobre 1664, j'ay esté benite et
« nommée Louise-Anne par le roy Louis XIV et la
« reyne Anne d'Autriche, sa mère, mes parrain et
« marraine. »

« 2º Au mois d'octobre 1665, j'ay esté benite et
« nommée Marie-Philippe, par la reyne regnante,
« Marie-Thérèse d'Autriche, ma marraine, et Mon-
« sieur Philippe, fils de France, frère unique du Roy,
« mon parrain. »

« 3º Au mois d'octobre 1665, j'ay esté benite et
« nommée Henriette, par Monseigneur le Dauphin et
« Henriette Stuart, duchesse d'Orléans, mes parrain
« et marraine. »

« 4° Au mois d'octobre 1665, j'ay esté benite et
« nommée Nicole-Louise par Monsieur Nicolas Nico-
« lay, premier président de la Chambre des comptes,
« et dame Louise de Trye, duchesse de Lamothe-Hou-
« dancourt, gouvernante des enfants de France. »

Sur le roulleau d'en bas est escrit :

« Monsieur Christophe le Bayor, chanoine de la
« Sainte-Chapelle. »

Le nom du fondeur est : *Lorant le Gay*.

En 1768, Guillaume Brice, maître verrier à Paris, (mort en 1768), après avoir remanié toute la verrière peinte de la grande rose de Notre-Dame de Paris (1), du côté du palais archiépiscopal, remit, en plomb neuf, les innombrables pièces de cette immense verrière; il en fit autant pour les antiques et magnifiques vitraux de la Sainte-Chapelle (2), dont la conservation lui est due.

(1) *Essai historique et descriptif de la peinture sur verre ancienne et moderne,* par Langlois (1832).

(2) Travail compliqué dont les anciens traités nous donnent l'idée. Le vitrier sent alors la quantité de verges de fer qu'il peut donner à chaque panneau pour le soutenir en force, la place qu'elles doivent y occuper, celle des crochets de fer qui doivent porter les verges, celle des mailles propres à recevoir le panneau et à lui former, pour ainsi dire, une encadrure qui l'assure en place, par le moyen des clavettes en fer qui retiennent les bords du panneau *(L'Art de la peinture sur verre et de la vitrerie,* par Levieil, 1774*).*

Les verrières de cette église sont le plus précieux spécimen de la peinture sur verre au moyen âge, art perdu un moment et retrouvé aujourd'hui. Ces vitraux, représentant des personnages, sont remarquables par la vivacité et l'infinie variété des nuances, au point que jadis on leur comparait le vin qui offrait une teinte bien limpide et bien transparente.

L'église est double; on la divise en haute et basse Sainte-Chapelle. On monte à la chapelle supérieure par quarante-trois degrés; l'entrée est précédée d'un vestibule en ogives, d'un portail décoré de sculptures représentant le jugement dernier, l'histoire du prophète Jonas, surmonté de reliefs hermétiques et d'hiéroglyphes, parmi lesquels on distingue encore un ange la main droite dans un nuage et l'autre dans un vase; au-dessous s'élève un lis marié aux armes de Castille, figurant l'écusson de la reine Blanche, mère du fondateur. La chapelle est composée d'une seule nef en ogives très-hautes; le corps de l'édifice, soutenu par des colonnettes minces, très-sveltes, de plus en plus rapprochées vers le rond-point du chœur, reçoit la lumière par des croisées fort longues.

La basse Sainte-Chapelle servait de paroisse aux

gens du roi, des chanoines, du chapelain, etc. On y entrait par une porte latérale, masquée aujourd'hui par des échoppes. Cette seconde église, plus primitive, plus religieuse encore que l'autre, était composée d'une grande nef en ogives fort larges, entre deux demi-nefs, dont la première moitié de courbe ascendante allait toucher le mur, supportée par des piliers grêles, élégants, placés à l'intersection des deux branches d'ogives qu'ils soutenaient ensemble; ces colonnes étaient plus minces encore que celles de l'étage supérieur. Il semblait voir un édifice se soutenant tout seul, et coupé par des piliers servant de simples ornements. Le jour, en y entrant obliquement, venait glisser sur un autel fort riche, sur des châsses de reliques, des voiles de soie et de lin, des tableaux sur fonds d'or et mille donations; puis il s'arrêtait pour désigner, sur les dalles, les débris de la grandeur humaine, car la basse Sainte-Chapelle était pavée de tombeaux recouvrant les restes d'une série de personnages illustres dans l'Eglise, la robe ou la chevalerie, depuis Louis IX. L'inscription la plus usée par le temps et les pas des fidèles portait le nom de Pierre de Montreuil, l'architecte de la basilique; puis les chanoines, archidiacres, chapelains, barons, magistrats, pêle-mêle comme dans une vallée de Josaphat; Boileau eut ensuite son mausolée (1) sur l'emplacement même du lutrin chanté par ses vers.

Lorsque la Sainte-Chapelle fut enfin achevée, elle parut si légère, si élancée, si miraculeuse, que les chroniqueurs racontent que, les jours de fête, quand les sept cloches étaient en branle, tout l'édifice remuait.

D'après Sauval, le clocher de la Sainte-Chapelle penche véritablement; mais ce défaut vient de l'exécution du travail et de l'étourderie de quelque compagnon, et non pas du dessin; c'est une charpenterie pendante qui porte à faux sur ses abouts et enrayures; le clocher, en cul-de-lampe, est porté sur les maîtresses-fermes du comble de l'église, au lieu d'être posé sur des tirants, comme aux autres églises, entouré de huit chandeliers, qui maintien-

---

(1) M. Despréaux et M. l'abbé Boileau, son frère, étaient nés dans la même chambre où la satire du *Catholicon* (la *Ménippée*) avait été faite, en une maison située au coin du quai des Orfévres et de la rue de Harlay du Palais. Cette maison, du conseiller Gillot, appartint ensuite au lieutenant criminel Tardieu, célèbre par son avarice, qui y fut assassiné avec sa femme (24 août 1665).

« Comparoit, en 1696, maistre Nicolas Boileau, sieur Despréaux, advocat en Parlement, demeurant à Paris, cloistre Nostre-Dame, paroisse Saint-Jean-le-Rond, il étoit alors âgé de cin-

nent et servent d'assemblage au comble, et qui lui apportent plus d'ornement (1) que de service.

La châsse de la Sainte-Chapelle est grande, haute et d'un travail fort considérable, ornée de plusieurs images de vermeil ; elle s'ouvre par derrière avec six clefs toutes différentes ; il y a encore une grille de fer, fermée par quatre serrures, aux quatre coins, derrière laquelle est un rideau de soie rouge. Elle est appuyée sur le jubé, contre lequel est posé le grand autel. Cette châsse fut réparée en 1524. C'est en 1553 que Léonard le Limousin exécuta, sur les deux autels appuyés contre la porte du chœur, deux émaux représentant François Ier et la reine Eléonore d'un côté, et de l'autre Henry II et la reine Catherine sa femme ; en 1575, on termina les boiseries du chœur et on plaça aux angles de l'autel quatre colonnes de marbre noir,

quante-huit ans. » (Voir, aux *Archives de l'empire*, v° 37, l'enquête relative à Racine.)

Le poème du *Lutrin* fut le récit en vers d'un procès réellement intenté et soutenu pour la position d'un pupitre à la Sainte-Chapelle. (Voir, à la bibliothèque de la Cour de cassation, le manuscrit intitulé : *Sainte-Chapelle,* aux armes de la famille de Bezons. — Voir aussi les *Notes de Brossette et de St-Marc sur la dixième satire de Boileau,* et la *Notice de M. Saint-Surin.)*

(1) Sauval, t. 1, p. 446. — Félibien. — Dulaure.

avec les chapiteaux et anges de bronze. La belle Vierge de Germain Pilon, qui était placée sous l'orgue, fut aussi exécutée à cette époque (1).

Vers l'année 1524, au moyen d'un soubassement percé d'une petite porte et supportant des meneaux qui existent encore, on transforma en chapelle la voûte qui supporte le petit oratoire de la façade méridionale. Cette voûte s'ouvrait sur le cimetière occupant alors une partie de la cour actuelle de la Sainte-Chapelle ; ce qui fit donner à la nouvelle chapelle le nom de chapelle du cimetière.

En 1626, fut faite une châsse en bronze doré, représentant la Sainte-Chapelle ; cette châsse, enrichie de pierreries, était placée sous la petite voûte qui supportait la grande châsse des saintes reliques.

En juillet 1630, la violence de l'incendie avait été telle que les cloches furent fondues ; la toiture fut consumée et la balustrade même fut détruite ; plusieurs gargouilles sont encore bouchées par des lingots de plomb.

C'est aussi à cette époque que l'on doit rapporter la destruction de l'escalier, dont la voûte, fort endommagée par la chute du plomb et des débris

---

(1) Piganiol de la Force. *Description de Paris* (1742).

de l'incendie, a été depuis remplacée par une voûte surbaissée.

Louis XIII donna des ordres pour qu'on travaillât activement à réparer ce désastre. Alors fut construite la toiture actuelle, dont la charpente, admirablement exécutée, est cependant vicieuse par la profusion de pièces qui la composent. Une nouvelle flèche, dont la forme était peu en harmonie avec la décoration de la Sainte-Chapelle, remplaça celle qui existait.

En 1666, quatre cloches furent placées dans cette seconde flèche. Quelques années après, sous le ministère de Colbert (1), on mit plusieurs poutres pour soutenir la charpente de cette flèche, dont le cul de lampe fut couvert de plomb doré, et coûta plus de 20,000 livres.

De l'avis de tous, la Sainte-Chapelle est un bâtiment d'une architecture admirable, telle que nous pouvons voir, et « maistre Androüet », dit du Cerceau, l'un des plus grands architectes qui se soient jamais trouvés en France, ainsi que l'a fait remarquer Estienne Pasquier en ses *Recherches*, disait :

---

(1) Gilles d'Ongois.

Qu'entre tous les bastimens faits à la moderne, il n'y en avoit pas de plus hardy que celui là : appellant bastimens à la moderne comme l'église Notre Dame de Paris, et autres tels, qui sur nouveux dessins furent introduits depuis le déclin de l'empire de Rome, n'ayant rien empreunté de toutes ces parades, qui estoient auparavant.

CHAPITRE V.

RESTAURATIONS PLUS RÉCEMMENT OPÉRÉES.

En 1783, les constructions faites en remplacement des bâtiments détruits par l'incendie de 1776 occasionnèrent la démolition de la sacristie de la Sainte-Chapelle, qui contenait le trésor des chartes dont nous parlerons amplement.

En suivant l'ordre chronologique, nous devons indiquer ici l'époque à laquelle la Sainte-Chapelle, convertie d'abord (1792) en magasin à farine, devint ensuite (1802) le dépôt des archives judiciaires.

C'est alors que l'on répara les vitraux, avec les débris provenant des parties inférieures des croisées qui furent murées jusqu'à la hauteur des armoires contenant les titres et papiers des archives.

Par suite de l'état d'abandon de la Sainte-Chapelle, on fut obligé, il y a quelques années, d'y faire de légères réparations. Les vestiges de l'ancien escalier, encombré (1) d'échoppes, disparurent pour faire place à l'escalier actuel.

Le premier pluviôse, an onzième de la République française (ou vendredi 21 janvier 1803), en faisant quelques réparations à la Sainte-Chapelle, il fut découvert, en cet endroit, une caisse de plomb, longue d'un pied, sur dix pouces de large et huit de profondeur. Cette caisse en contenait une autre en forme de cœur, dont il ne restait que la plaque supérieure, qui paraissait être de cuivre étamé; les parties latérales et inférieures étant entièrement oxydées, il n'y avait aucun caractère indicatif de nom ni de date *(Bibliothèque de l'école des Chartes,* tome IV, p. 495, 1844; — et tome I). Les restes trouvés dans la seconde caisse ont été renfermés dans la présente boîte, laquelle a été déposée au même lieu où ces restes avaient été découverts, par ordre des citoyens Camus, garde des

---

(1) Une ordonnance de François Ier, datée de 1526, prouve que déjà alors des échoppes, ces champignons parasites, cette vermine des édifices, venaient ronger notre église, car il enjoignit de les démolir *(Journal des artistes,* 30 novembre 1834).

archives nationales (1), et Terrasse père, préposé à la garde des archives judiciaires nationales. *(Archives nationales.)*

Le 5 pluviôse an XI, Terrasse écrivait à Camus la lettre suivante :

D'après les nouveaux renseignements que j'ai pris depuis deux jours, singulièrement des personnes ci-devant attachées à la Sainte-Chapelle, sur la découverte qui vient d'être faite dans cet ancien monument, tout me porte à croire que les restes, déposés dans la caisse d'étain renfermée dans celle de plomb, sont ceux du cœur de saint Louis. Presque convaincu de cette assertion, et pénétré de respect pour la religion de mes pères, nous venons, Touret et moi, de porter le tout dans la sachrystie de la Sainte-Chapelle, et l'avons déposé dans une des armoires de cette sachrystie, dont j'ai pris la clef, que je ne communiquerai qu'aux personnes munies d'un ordre par écrit de vous. — Salut et respect. — TERRASSE *père*.

Terrasse ajoute :

---

(1) Voyez : *Examen critique de la découverte du prétendu cœur de saint Louis*, par M. Letronne, garde général des Archives du royaume. Paris, Didot et Furne, 1844 ; — *Preuves de la découverte du cœur de saint Louis*. Paris, Didot frères, 1846, fig.

Le citoyen Camus m'a fait dire par le commissionnaire qui lui a apporté cette lettre, qu'elle ne le faisait pas changer d'avis sur la destination de ces restes (1), qui seraient déposés à la même place où ils avaient été trouvés à la Sainte-Chapelle.

L'arrêt du Conseil d'Etat, du 11 mars 1787, avait dépouillé la Sainte-Chapelle de Paris des priviléges et droits honorifiques inhérents depuis saint Louis jusqu'à Louis XVI, et le décret de l'Assemblée nationale (2-4 novembre 1789) mit aux mains de la nation tous les biens ecclésiastiques. — La *Constitution civile du clergé* (12 juillet, 24 août 1790. Tit. I, article 20) supprima, bientôt après, les chapitres, monastères et abbayes et, en exécution de ces actes, un commissaire du gouvernement prit possession (1791) de l'oratoire de saint Louis et des saintes reliques, qui furent envoyées à Saint-Denis. Quelques objets précieux furent remis au cabinet des antiques; les émaux, les statues, des fragments d'architecture au musée des monuments français. L'édifice, portant au front l'inscription : *Pro-*

---

(1) D'après quelques historiens, une partie des restes du roi saint Louis aurait été déposée à la Sainte-Chapelle du Palais de Paris, en 1278.

priété nationale à vendre, attendait un acheteur. Cette profanation fut consommée sous les yeux de l'évêque constitutionnel Gobel (1), élu depuis le 27 mars 1791 ; il était assisté du chantre de la Sainte-Chapelle, de Bailly, maire de Paris, de M. Alex. Lenoir, commissaire des objets d'art, et de Poultier, huissier présent. Les principales reliques de la Passion, providentiellement préservées, se conservent aujourd'hui dans le trésor de l'église Notre-Dame de Paris *(Notice historique et critique sur la sainte Couronne d'épines,* 1828, in-8º).

Sous le Directoire, le club de la Sainte-Chapelle tint ses séances dans l'église (2). En 1800, quelques ecclésiastiques louèrent la Sainte-Chapelle basse, et y célébrèrent les cérémonies du culte catholique. En 1803, les archives judiciaires étant installées dans la Sainte-Chapelle haute, la chapelle inférieure fut mise à la disposition de la Cour des comptes, pour lui servir de dépôt.

Au salon de 1836, M. Lassus exposa un travail historique et graphique complet sur la Sainte-Chapelle, qui lui valut une médaille d'or

---

(1) Troche. *La Sainte-Chapelle de Paris.* Bouquin, éditeur à Paris, 1854.
(2) De Guilhermy. *Description de la Sainte-Chapelle.* Paris, 1867.

et le poste d'inspecteur des travaux, lorsque MM. Duban et Viollet-le-Duc furent chargés de la restauration du monument (avril 1837), que termine aujourd'hui, avec tant d'érudition et de dévouement, M. Bœswilwald (1870). M. Bellu, charpentier, a entièrement reconstruit la charpente du comble et l'a surmontée d'une svelte et élégante flèche en bois et plomb, reproduction fidèle de celle de Charles VII, détruite par l'incendie de 1630. La hauteur de cette nouvelle flèche est de quarante mètres, depuis le cheneau jusqu'à la pointe; elle est de vingt-sept mètres, depuis le faîtage jusqu'à la boule, surmontée d'une croix latine haute de six mètres, terminée en 1853. Sur toutes les faces de cette flèche à huit pans est jeté un semis de fleurs de lis héraldiques inscrites dans un chevron renversé. La croix et le coq sont en fer et en cuivre; le reste de l'ornementation, en plomb doré, a été exécuté par M. Vivet fils. Au-dessous d'une moulure convexe, figurant une boule et chargée de quatre chimères accroupies, regardant les quatre points cardinaux du ciel, règne un nœud feuillagé, autour duquel sont représentés huit mascarons, ceints de couronnes à fleurons, reproduisant les traits

des coopérateurs de cette restitution artistique :
MM. Geoffroi de Chaume, statuaire; Michel Pascal, statuaire; Texier, entrepreneur; Bureau, chef compagnon; Malézieux, mouleur; Adams, dessinateur; Bourguignon, gâcheur de levage; Perrey, statuaire (1).

Les sujets représentés dans les quinze verrières du pourtour de la Sainte-Chapelle par le peintre-verrier de saint Louis, se classent d'après l'ordre exégétique suivant, en commençant par la première fenêtre au côté nord :

1re fenêtre : *Création du monde, naissance et chute de l'homme, histoire des patriarches;*

2e : *Histoire de Moïse, captivité du peuple*

---

(1) L'architecte primitif, Pierre de Montreuil, avait adossé aux piliers de l'église matérielle les douze apôtres, colonnes vivantes de l'Église spirituelle, portant, sur un disque, les croix de consécration. Dix de ces statues, déplacées par l'orage révolutionnaire, avaient été placées, soit au musée des Petits-Augustins, soit au Mont-Valérien, soit à l'église de Créteil. Retrouvées, grâce aux patientes recherches de M. Lassus, elles furent modelées avec une précision traditionnelle, et reproduites en pierre dure de Senlis. — Quant aux verrières enlevées, elles furent achetées par les nommés Oran, vitrier, rue Sainte-Anne-du-Palais, et par Vitel, brocanteur, qui les vendit à M. Anguis, député, lequel les plaça dans une chapelle domestique à la campagne.

de Dieu en Égypte, sa délivrance, alliance du Seigneur, tables de la Loi ;

3ᵉ : *Histoire de Moïse, scènes tirées de l'Exode et du Lévitique ;*

4ᵉ : *Le peuple de Dieu dans la terre promise, sous la conduite de Josué ;*

5ᵉ : *Gédéon, Jephté et sa fille, Samson juge et défenseur d'Israël ;*

6ᵉ : *Prophétie d'Isaïe, arbre de Jessé ;*

7ᵉ : *Histoires de saint Jean, de la sainte Vierge, enfance de Jésus-Christ ;*

8ᵉ : *Mystères et Passion de Jésus-Christ, son Ascension, descente du Saint-Esprit sur les apôtres ;*

9ᵉ : *Légende de saint Jean-Baptiste, prophéties de Daniel ;*

10ᵉ : *Visions et prophéties d'Ézéchiel ;*

11ᵉ : *Lamentations de Jérémie, histoire de Tobie ;*

12ᵉ : *Histoire de Judith ;*

13ᵉ : *Sujets tirés de l'Ancien Testament ;*

14ᵉ : *Histoire de Saül et de David ;*

15ᵉ : *Saint Louis et la couronne d'épines.*

Toutes ces verrières sont blasonnées des lis de France et de la tour donjonnée d'or de Castille, que saint Louis, en souvenir de Blanche de Castille, sa mère, se plaisait à reproduire partout.

La restauration des verrières fut poursuivie, avec le plus grand soin, par M. Lassus, qui s'était adjoint, pour cette délicate entreprise, le savant archéologue M. de Guilhermy. Avant d'enlever, pour les réparer, un seul des panneaux existants, un procès-verbal était dressé, constatant l'état du vitrail et indiquant les pièces remplacées ou brisées. Tous les panneaux étaient reproduits par des copies de la grandeur de l'original, fenêtre par fenêtre, et ces calques ont été réunis ensemble en un précieux volume, conservé dans le bureau de l'agence des travaux. Le ministre des travaux publics avait institué une commission pour adjuger, après un concours public, les vitraux de la Sainte-Chapelle. Cette commission était composée de : MM. Chevreul, président; de Lasteyrie; Dumas; Brongniart; Paul Delaroche; de Guilhermy; l'abbé A. Martin; Flandrin; de Noue; Caristie; Debret; Duban; Vaudoyer; Victor Baltard et Viollet-le-Duc. Le choix de la Commission s'arrêta sur M. H. Gérente, mais une mort prématurée enleva, en 1852, ce regrettable artiste, qui dut être remplacé par MM. Steinhel et Lusson, du Mans. Leurs immenses et consciencieux travaux prouvent qu'ils ont, avec une science profonde, respecté les moindres reliques de ce moyen âge légué à notre admiration par saint Louis. Il faut remarquer aussi que l'ornementation sculptée de la Sainte-Chapelle de Paris est empruntée, dans ses motifs si variés, à la flore indigène : elle reproduit des feuilles de chêne, de lierre, de fraisiers, de violettes, de renoncules et de houx. L'œuvre de l'architecte était immense, et voici d'après quelles autorités on a rétabli les parties détruites de l'édifice :

1° Dessous du porche *(treizième siècle).* — Le seul renseignement graphique est une vignette gravée sur une très-petite échelle dans l'*Histoire de Paris,* de Béguillete. Une anecdote racontée par Piganiol (dans sa *Description de Paris)* fait connaître la pose de la Vierge. Maintenant encore il reste, sous ce porche, des incrustations de verre bleu, encadrées d'or; des traces de peintures et de dorures (1) que l'on retrouve également sur les murs et la voûte de la basse Sainte-Chapelle (Morand, *Histoire de la Sainte-Chapelle).*

2° Restauration des peintures et dorures de la chapelle supérieure *(treizième siècle).* — Pour ces

---

(1) Lenoir, *Atlas des Monuments.*

restaurations, on a suivi le passage suivant de Corrozet : « Les arcs de la voulte par dedans sont do-
« rez, et toute la ceinture de l'église, au dessouz
« de la quelle sont des peintures diverses, faites
« d'esmail et de cristal, reposantes sur petites co-
« lonnes d'une pièce servantes seulement à orne-
« ment. »

Dans chacun des trèfles du petit ordre de soubassement de la haute Sainte-Chapelle se trouvent des figures peintes sur une espèce de stuc légèrement modelé. Ces peintures sont encadrées par un fond d'une grande richesse ; le mur est revêtu d'une feuille d'argent, bien recouverte d'un verre, dont la face extérieure est enrichie de lignes dorées en forme de losanges et la face opposée de dessins bleu d'azur qui, s'encadrant dans ces losanges, produisent un reflet bleuâtre rehaussé par l'éclat de l'argent scintillant sous le verre. Toutes les parties de cette ornementation étaient encore peintes et dorées ; elles avaient été longtemps cachées par les armoires des archives.

3º Les statues des douze Apôtres étaient placées, au quatorzième siècle, sur des colonnes. Un des petits dais qui les couronnaient se trouve maintenant encore à l'Ecole des Beaux-Arts ; il est décoré de peintures, dorures et incrustations de verre bleu.

4° Décoration du maître-autel *(treizième siècle).* Un dessin de la collection de Gaignières *(Cabinet des estampes)* a fait connaître l'ensemble de cette décoration. Quant aux détails, il existe à l'Ecole des Beaux-Arts plusieurs fragments de boiserie et, entre autres, un des petits escaliers qui conduisaient à la grande châsse. Dans tous ces fragments, on retrouve des traces de peintures et de dorures.

5° L'escalier *(quinzième siècle)* est de toutes les parties restaurées celle sur laquelle il y a le moins de renseignements. Les traces, encore visibles, de la naissance des voûtes, une petite vignette gravée dans l'ouvrage de Jérome Morand et un fragment de la décoration des piliers dans un tableau attribué à Van der Meulen *(Galerie du musée de Versailles),* ont guidé.

D'après l'emplacement de cet escalier, et son peu de liaison avec le monument, il est tout-à-fait invraisemblable qu'il y en eût un dans la construction primitive. La *haute Sainte-Chapelle,* communiquant directement au Palais par la galerie Mercière, était la *Chapelle royale,* et celle d'en bas était réservée aux gens de la suite du roi.

6° Toiture et flèche *(quinzième siècle).* Deux vues de la Sainte-Chapelle, gravées par Brebiette, sur une assez grande échelle, ont servi pour restaurer la toiture et la flèche, dont la construction est du milieu du quinzième siècle, d'après le caractère même de sa décoration.

Enfin, il y avait, dans le portefeuille de M. Garneray père, une série de croquis épars qui ont tous été faits suivant les vestiges de l'escalier. D'après ces croquis, il est positif que cet escalier a été construit sous Louis XII; il porte tous les caractères de cette époque et a beaucoup d'analogie avec celui de la Chambre des Comptes de Joconde, qui très-probablement en fut l'architecte. Ces différents croquis de M. Garneray lui ont servi pour l'exécution d'un tableau représentant la scène de l'escalier de la Sainte-Chapelle, au moment de la lutte, dans le poëme du *Lutrin,* par Boileau.

C'est à l'aide de ces seuls documents, de ces indications éparses, mais recueillies par leur érudition, que les architectes de la Sainte-Chapelle ont pu accomplir leur œuvre, inspirée par la foi et couronnée par l'art chrétien.

CHAPITRE VI.

TRÉSORIERS ET CHANOINES DE LA SAINTE-CHAPELLE.

La Sainte-Chapelle était ou devait être composée d'un trésorier, de douze chanoines, de six chapelains perpétuels, de sept chapelains ordinaires et de treize clercs et marguilliers. C'est ce qui résulte des différentes chartes de fondation de la Sainte-Chapelle et de celle de réformation de cette église, en l'année 1520, où il est dit que le trésorier et chacun des autres chanoines, au nombre de douze, sera tenu d'avoir un chapelain prêtre et un clerc diacre ou sous-diacre, et de les loger et nourrir honnêtement dans leurs maisons :

Statuimus quod thesaurarius sacrosanctæ Capellæ et quilibet aliorum canonicorum illius tenebitur habere unum capellanum presbiterum et unum clericum diaconum vel sub-diaconum, ipsosque hospitare, nutrire et alimentare in domibus suis honestè, prout antiquitùs consuetum fuit.

Aussi, pour déterminer la part afférente à chacun, ne faut-il pas tenir compte de l'état des choses existant avant 1789, mais faut-il remonter aux chartes de fondation et réformation.

Par les première et seconde fondations de la Sainte-Chapelle faites par saint Louis, en 1245 et 1248, cette église était composée de cinq prêtres principaux ou maîtres chapelains et trois prêtres habitués. Chacun des cinq principaux chapelains était tenu d'avoir avec lui un sous-chapelain et un clerc, et chacun des trois habitués devait avoir avec lui un clerc diacre et sous-diacre. Saint Louis attribua à chacun des principaux chapelains et à chacun des habitués un revenu annuel de *25 livres;* il leur accorda en outre certaines distributions, ainsi qu'aux sous-chapelains et clercs, pour leur assistance aux offices. Il institua un trésorier pour le gouvernement de la Sainte-Chapelle.

Une charte de 1318 fait connaître qu'il existait déjà dans la Sainte-Chapelle quatre chapellenies perpétuelles, savoir : celle de Saint-Clément, de Saint-Blaise, de Saint-Nicolas et de Saint-Louis, dont le revenu annuel s'élevait en tout à 124 l. 5 s. 6 d.

On voit, par une autre charte de la même année 1318, que Philippe IV avait aussi fondé dans la Sainte-Chapelle la chapellenie de Saint-Jean-Evangéliste, à laquelle il avait assigné un revenu annuel de 24 livres, et que Philippe V y ajoute, par cette charte de 1318, un autre revenu de 10 livres. En tout, 34 livres.

Enfin, la chapellenie de Saint-Venant fut fondée, en 1339, par le même prince, qui la dota d'un revenu annuel de 40 livres.

Ainsi, dans le temps où la masse du revenu du trésorier et des douze autres chanoines était de 1088 livres, le revenu des six chapelains perpétuels était de 198 livres.

Adoptant le mode de répartition tracé par l'ordonnance de François Ier, on arrive aux résultats suivants : la portion dont le corps des chanoines avait droit de jouir, sur le revenu total de la Sainte-Chapelle, était de la somme de. . . 53,546 l.

Le tiers de cette somme, appartenant aux treize chapelains, était de   17,848 l.
Le quart de la même somme, revenant aux treize clercs, était de. .   13,386
La part du trésorier était de. . .   7,649
Celle de chacun des chanoines, de .   3,824
Celle de chacun des chapelains, de   1,372
Celle de chacun des clercs, de . .   1,029

Par la suite, l'usage de nourrir et loger a disparu, et dès lors, les chapelains et clercs ont obtenu une part dans les revenus de la Sainte-Chapelle et leurs logements particuliers.

Quoique tous les membres de la Sainte-Chapelle dussent être co-propriétaires des biens et revenus attachés à cette église, les chanoines, qualifiés dans l'origine : *chapelains principaux,* se sont fait adjuger exclusivement l'administration des biens et revenus, à la charge par eux d'en rendre compte et d'en faire la distribution à chacun des chapelains, clercs et marguilliers, dans la proportion fixée par les chartes de fondation.

Cette distribution, par la manière dont elle fut faite, a souvent donné lieu à des réclamations de la part des chapelains, clercs et marguilliers qui ont prétendu que les chanoines (1) ne les faisaient pas participer à l'augmentation qui s'était opérée progressivement dans les revenus. De là, des procès sans nombre qui ne devaient finir qu'avec l'existence de la Sainte-Chapelle.

Au commencement du seizième siècle, il s'était élevé entre les trésorier et chanoines d'une part, et les chapelains et clercs d'autre part, tant de procès et contestations, soit à raison du service divin, soit pour le partage des revenus, que François Ier crut devoir faire, tant pour le spirituel que pour le temporel, un règlement qui prévînt, dans la suite, le retour de semblables scandales. En conséquence, après avoir réglé les devoirs et les fonctions de chacun des membres de la Sainte-Chapelle, il décida, par une charte de janvier 1520, que les distributions de revenus se feraient de manière que les chapelains perçussent un tiers de ce qui reviendrait aux trésorier et chanoines, et les clercs un quart; c'est-à-dire que si un chanoine percevait 12 deniers, le chapelain en percevrait 4 et le clerc 3.

---

(1) Une bulle du pape Nicolas III déclarait que les clercs exempts de ladite Chapelle, non sujets à autres qu'au Pape, pouvaient être promus, en ladite Chapelle, à tous ordres *(A Viterbe, e{ ides de septembre, le premier an de son pontificat — 1277).*

« *Ità ut, si contingat canonicum percipere duo-*
« *decim denarios, capellanus accipiet quatuor,*
« *clericus vero tres.* »

Cette charte de 1520 est la dernière sur le partage des revenus entre les membres de la Sainte-Chapelle. Le tout sans y comprendre les maisons canoniales et bénéficiales attachées à chaque bénéfice ou office.

Indépendamment des revenus communs de la Sainte-Chapelle, il y avait certains biens et revenus affectés exclusivement aux six chapelains perpétuels. Le tout montait pour chacun à la somme de 148 livres, annuellement; ce qui, joint à la somme de 1,372 livres, à eux assignée dans les revenus communs, forme la somme totale de 1,520 livres.

Indépendamment encore des revenus communs de la Sainte-Chapelle, il avait été fait par Me Antoine de Champigny, trésorier de la Sainte-Chapelle, décédé le 8 avril 1739, un legs de la somme de 24,000 livres, pour être employée à des augmentations de gages en faveur de tels chapelains et clercs, basse-contre et basse-taille, que ses successeurs trésoriers jugeraient à propos d'en gratifier.

Grâce aux économies faites, lors de la suppression de la Sainte-Chapelle le produit annuel de ce legs donnait une somme de 2,273 livres.

A cette époque, l'émolument des chanoines, grâce à leur part des revenus communs, du loyer des maisons attachées à leur bénéfice et à titres divers, variait de 9 à 11,000 livres.

Celui des six chapelains perpétuels montait à 4,000 livres.

Celui des six chapelains ordinaires variait de 2 à 3,000 livres.

Celui des clercs et marguilliers, de 1,500 à 2,000 livres.

Du moins tel aurait dû être l'émolument de chacun, si les statuts de la Sainte-Chapelle avaient été rigoureusement observés; mais les chanoines s'étant emparés de l'administration des biens (1), n'en rendaient pas compte aux chapelains, clercs et marguilliers, et diminuaient volontiers l'émolument de ceux-ci pour arrondir le leur.

Après la suppression de la Sainte-Chapelle, le bureau de liquidation des biens nationaux déter-

---

(1) 1397. — Sentence du Prévôt de Paris contre les trésorier et chanoines de la Sainte-Chapelle, au sujet d'une maison appartenant audit Robert et faisant le coin de la rue du Sablon, près l'Hôtel-Dieu, en la censive des religieux, maître, frères et sœurs dudit hôpital, sur laquelle maison il était dû à l'Hôtel-Dieu 6 livres de rentes *(Archives de l'Assistance publique; — Hôtel-Dieu de Paris,* layette I, liasse 2-22).

mina, le 27 mars 1792, le chiffre du traitement de chacun, conformément à la loi du 24 août 1790. Les émoluments des chanoines furent réduits de moitié. Leur pension fut liquidée entre 4 et 6,000 livres. Celle des chapelains perpétuels fut d'environ 2,500 livres. Celle des chapelains ordinaires varia de 1,500 à 2,000 livres. Celle des clercs et marguilliers, de 1,200 à 1,800 livres.

Sur le précieux et probablement unique document sur parchemin appartenant à M. Guilbaut, juge honoraire à Saintes (1), nous relevons :

Parmi les noms de ceulx de la ville de Paris, *qui ont fait le serement ès mains Monseigneur le Duc de Bourgoigne que ilz seront bons, vrais et loyaulx au Roy, à M. le Duc de Bourgoigne, leur capitaine, et à la ville de Paris que bien et loyaument ils tiendront le parti du Roy.*

Du mercredi XXXIme et dernier jour du mois d'aoust M.CCCC.XVIII :

Maistre Jehan de Champbon, chantre de la Sainte-Chapelle.

(1) *Paris et ses historiens*, p. 382.

Maistre Guillaume Belier,
Philippe Aymenon, } Chanoines de ladicte Saincte-Chapelle.
Pierre de Dierre,
Nicole Charreton,
Jehan de Paris,

Messire Jehan Prestat,
Hugues Ferret,
Regnault de Diron,
Maistre Paul de Aquosis,
Bertault Le Cousturier,
Messire Jehan Lepelletier, } Chapelains de ladicte Saincte-Chapelle.
Estienne Lebecque,
Pierre Ganelot,
Jacques Duvivier,
Guérart Lavieille,
Jehan Quimere,
Guillaume Legoaix,
Nicole Coustier,
Jehan Nepique,
Henry Leremer,

Robin Le Carpentier,
Jehannin Le Conte,
Jehannin de La Tour, } Clercs de ladicte Saincte-Chapelle.
Jehannin Taquetot,
Robin Le Coq,
Colin Bordin,
Jehannin Michel.

— Jean Doudin ou Daudin, chanoine de la Sainte-Chapelle et bachelier en théologie (1), traduisit, pour Charles V, les dialogues de Pétrarque, *sur les remèdes de l'une et l'autre fortune*. On doit au même écrivain la traduction française du livre de Vincent de Beauvais sur l'*Instruction des enfants nobles* (2).

— En 1430, Maître Rouland, l'Ecrivain, médecin et chanoine de la Sainte-Chapelle, emprunta au Chapitre de Notre-Dame de Paris un exemplaire des trois premières *Décades* de Tite-Live, à l'aide (3) duquel il voulait corriger l'exemplaire qui lui appartenait.

— Le 27 janvier 1495, — Gilles Roze, « chappelier, né à Bloiz, prisonnier en la Conciergerie du Palais, » est renvoyé devant le Prévôt de Paris, pour raison d'un « bout de ceinture (4), ferré d'or, par ledict prisonnier

---

(1) Bibliothèque nationale de Paris (Mss. français 117. — Mss. 593, même fonds).

(2) Art. 529 du *Catalogue des livres de Charles V*. (Léopold Delisle. *Le Cabinet des manuscrits de la Bibliothèque impériale*; Paris, 1868.)

(3) Francklin. *Bibliothèque de Notre-Dame de Paris.* — Léopold Delisle. *Le Cabinet des manuscrits de la Bibliothèque impériale*; 1868.

(4) Bibliothèque nationale; collection manuscrite de Dela-

couppé en la grand'salle du Palais, à M. Artus Launay, chanoine de la Saincte-Chapelle du Palais. »

— « L'enclos du Palais estoit occupé par tous ceux du clergé de la Sainte-Chapelle, qui y avoient leur logement, dont les jardins aboutissoient, pour la plupart, sur la rivière de Seyne, et par cinq officiers du roy, qui y avoient aussi leur demeure et qui estoient restez depuis que les roys avoient abandonné leur Palais, pour y servir les scéances du Parlement, deux fois l'année. Le portier du Palais avoit la sienne proche la praincipale entrée de la cour, les deux sentinelles ou veilles de la nuit avoient chacun la leur, sous la grande porte, qui va à la rue de la Calendre; le concierge, qui avoit la garde et lieutenance de tout le Palais où se devoit rendre la justice, occuppoit son ancienne maison (1), proche les jardins du roy, dont il disposoit aussi bien que de toutes les échoppes adossées contre les murs; le jardinier du roy logeoit au bout du jar-

marre, t. II. — Dans la Cité existaient les juridictions suivantes : le Bailliage du Palais, la Barre du Chapitre au Cloître Notre-Dame, l'Officialité, Saint-Eloi, près le Palais (justice haute, moyenne et basse). (Bibliothèque nationale, collection Delamarre, 151. — Archives nationales, section judiciaire Z; registres du bailliage de l'Eglise de Paris.)

(1) Archives nationales (section historique); *Mémoire sur la Sainte-Chapelle*, n° 608; — *Response au dernier mémoire de M. le curé de Saint-Barthélemy*.

din. Voilà l'estat au vray où estoit le Palais lorsque Philippe le long sollicita et obtint la bulle du Pape Jean XXII. »

— « L'an 1576, ont été refaites — tout de neuf — les chaises de boys, pour asseoir les chanoines et chantres (1) de la Sainte-Chapelle ; lesquelles sont magnifiquement entaillées, chose belle et honorable pour le décorement d'icelle église, où se voyent une Vierge de Germain Pilon (2) et des tableaux de Léonard Limozin. »

Dans la Sainte-Chapelle du Palais, il y avait, outre M. le trésorier : douze chanoines, six chapelains, douze chantres, huit enfants de chœur, un bedeau.

Les chanoines de la Sainte-Chapelle faisaient aussi l'office en la chapelle de Saint-Michel, où il y avait un chapelain en titre.

Par une charte de nouvelle fondation de la Sainte-Chapelle, émanée de Philippe V, au mois de juin 1318, on voit que Philippe IV, son père, avait créé quatre nouveaux chapelains semblables

---

(1) Bibliothèque nationale; Mss. Delamarre, 151. — Voir aussi Corrozet.

(2) Germain Pilon avait son atelier dans la Sainte-Chapelle et y fut inhumé dans la chapelle basse (1590).

et égaux aux précédents et qu'il leur avait donné à tous le nom de chanoines; en sorte que les chanoines se trouvèrent dès lors, comme aujourd'hui, au nombre de treize, y compris le trésorier, qui a toujours eu dans les revenus et rétributions deux parts de chanoine.

Il paraît, par cette charte, que chaque portion de chanoine s'élevait alors annuellement à 77 l. 15 s. 6 deniers qui, multipliés par quatorze, à raison de douze chanoines et du trésorier prenant deux parts, fournit un revenu total de . .   1080 l. 18 s. 8 d.

— Outre les trésoriers de la Sainte-Chapelle, il y avait les chanoines des sept chanoinies, fondées par saint Louis :

Chanoines de la première chanoinie, dont la maison est la dixième après la thrésorerie, et size dans la rue de Nazareth, devant la porte de la basse-cour de la chambre des comptes.

Chanoines de la deuxième chanoinie, dont la maison est la huitième après la thrésorerie.

Chanoines de la troisième chanoinie, dont la maison est la neufvième après la thrésorerie et fait face à la rue de Nazareth.

Chanoines de la quatrième chanoinie, dont la maison est la première après la thrésorerie et y est contiguë.

Chanoines de la cinquième chanoinie, dont la maison est la sixième après la thrésorerie.

Chanoines de la sixième chanoinie, dont la maison est la onziesme après la thrésorerie et size dans la rue Galilée.

— Pendant que le légat dédioit la Sainte-Chapelle, sous le titre de la Sainte-Couronne d'espine de N.-Seigneur et de sa croix vivifiante, l'archevêque de Bourges dédioit la basse Sainte-Chapelle sous le titre de la Sainte Vierge.

Saint Louis avoit, dès l'année 1245, obtenu du pape Innocent IV des indulgences d'une année pour chacun de ceux qui assisteroient à la dédicace de la Sainte-Chapelle, et cent jours pour chaque jour de l'octave à ceux qui la visiteroient.

En l'année 1469, fut volé l'encensoir d'or de la Sainte-Chapelle, par Jean le Bourrelier, distributeur des marteaux *(Compte de la Chevecerie)*.

— Le 18 du même mois (avril 1474) (1), furent rompues, par ordre du roy, les huit vieilles clefs de la châsse des saintes reliques sur le pavé de la cour du Palais, en présence des chanoines *(Compte de la Sainte-Chapelle)*.

(1) *Compte des régales et de la Chevecerie.*

— Le vendredy, XXIXe jour de novembre, l'an mil quatre cent soixante et seze, vacante (1) la trésorerie de la Sainte-Chapelle du Palais royal, à Paris, Messeigneurs les chantres et chanoines d'icelle dite Chapelle, assemblez *à son de cloche,* au matin, à l'yssue des matines, au lieu appellé la Paye, qui est lieu accoustumé de notre assemblée, pour traiter des besoins et affaires d'icelle église.

— Le jour de la Pentecoste le roy (Charles VIII) assista à la messe où on fit la cérémonie accoutumée de l'Ange, à laquelle il prit tant de plaisir qu'il ordonna qu'on la feroit encore un autre jour *(Compte de la Chevecerie)*.

En effet, le sixième jour de juillet de la même année, il revint à la Sainte-Chapelle, où il vit la descente de l'Ange.

Pour l'intelligence de cette cérémonie, il faut consulter Guillaume Durand, évêque de Mende, dans son livre intitulé : *Rationale divinorum officiorum,* lib. VI, chap. CVII. Dans quelques églises, « pendant le prône de la messe du jour de la Pentecoste, on jettoit, des voultes, quelques étoupes allumées en manière de

---

(1) Archives nationales (section historique); M. 8974; p. 9; verso. — *C'est le papier des mémoriaux de la Saincte-Chapelle du Palais, à Paris, commençant à la Sainct-Jehan-Baptiste, 1474.*

langues de feu, ou plusieurs pigeons et des fleurs pour représenter la descente du Saint-Esprit sur les Apôtres et la diversité des langues qu'ils parloient. Selon cet usage, pendant la messe du jour de la Pentecoste, on faisoit sortir de la voulte un pigeon blanc qu'ils appelloient *colombe a columba,* et des oyseaux et des fleurs. Outre cela, il y avoit la figure d'un Ange, que l'on faisoit descendre de la voulte par une machine; cet Ange tenoit à la main un biberon d'argent que l'on conserve encore dans la grande armoire du trésor ou sacristie, et de ce biberon il versoit de l'eau sur les mains du célébrant. »

— En la même année (1499), fut achevée l'orgue de la Sainte-Chapelle et commença à jouer le jour de la Magdeleine (1).

En la même année (1503), fut peint et escrit le tableau des Saintes-Reliques, qui est attaché contre le

---

(1) En janvier 1499, les vieilles orgues de la Sainte-Chapelle furent vendues 400 livres tournois aux marguilliers de Notre-Dame de Poissy, à la réserve des dix grosses trompes, attachées sur le portail et ses deux tours et aussi du plomb qui était sur les soufflets. La Chambre des Comptes les fit vendre par Guillaume de Badouilles, l'un des greffiers de la Chambre, et en fit faire de neuves *(Extrait du Compte de Vincent Gelée, des Œuvres Royaux, depuis le 1er janvier 1498 jusqu'au 31 octobre 1500).* — Sauval, t. I, l. IV.

mur de la Sainte-Chapelle, proche le Giste *(Compte de la Chevecerie)*.

— En l'année 1507, la cuve des fonts baptismaux fut refaitte à neuf *(Compte de la Chevecerie)*.

— En l'année 1524, la table de marbre verd du grand autel qui avoit été rompue, par mégarde, par les ouvriers qui travailloient à la grande ceinture sur laquelle sont les mystères de la Passion de N.-Seigneur en bas-relief, lorsqu'on la mit autour de la châsse des saintes reliques, fut bénie de nouveau après qu'elle eut été raccommodée et mise en l'estat où on la voit de présent, et sur le milieu de laquelle on voit les cinq croix qui y furent gravées *(Compte de la Chevecerie)*.

— Le 5 janvier de la même année (1557), le Roy disnant en son logis du baillage du Palais, reçut la nouvelle de la prise du fort de Risban, près Calais, et alla en rendre grâces à Dieu dans la Sainte-Chapelle où il retourna après Vespres.

— En 1575, le 11 may, on commença à faire des prières et processions, tous les jours, pendant un mois, et à chanter le psaume *Deum venerunt gentes*, pour demander à Dieu le recouvrement de la vraye croix qui avoit été volée dans la sacristie de la Sainte-

Chapelle; on députa ensuite au Parlement et à la Chambre des Comptes pour faire des remontrances sur les hayes d'alentour du cimetière, afin de les faire oster et, à la place, mettre des grilles de fer, afin que l'on peut voir au pied et à l'entour de la Sainte-Chapelle.

— Ce fut vers le même temps (1575) que l'on acheva la menuiserie des chaises du chœur de la Sainte-Chapelle, marquée par les trois couronnes d'Henry III ; la clôture du chœur avec les deux autels de la nef avoit été faitte du temps du roy Henry II, comme il paroît par les trois enfans qui font le corps de la devise du roy Henry II.

Ce fut aussi du temps de Henry III que l'on mit à l'autel les quatre colonnes de marbre noir, avec les chapiteaux et anges de bronze, au-dessus et au lieu des piliers de cuivre qui y étoient auparavant.

— En 1576, le 23 février, en la présence de la reine Catherine de Médicis, mère du roi Henry III, du cardinal de Guise, du premier Président de la Chambre des Comptes, Nicolaï, et de Marcel, intendant des finances, furent pris par exprès commandement du Roy, les rubis estant ez reliques de la Sainte-Chapelle, qui s'ensuivent :

Les quatre gros rubis balais, estant autour de la sainte Couronne, dont le plus gros est en forme de rocher, percé en trois endroits, apprécié soixante et dix mille escus.

Le deuxième, approchant de la couleur d'epinoli, percé au travers, apprécié trente mille escus.

Le tiers rubis cabochon, en forme d'œuf, percé au travers, apprécié quarante mille escus.

Le quatrième rubis cabochon rond percé, apprécié cinquante mille escus.

Lesquels cinq rubis, furent portés, le même jour, au Roy, qui ordonna à Ficher, secrétaire d'Estat, d'en signer l'acte ou procès-verbal qu'il en avoit dressé. L'appretiation monte à sept cent quatre vingt mille livres.

— Le 5 décembre 1582, fut faitte une procession générale, et ce fut pour une inondation, qui renversa les tombes de la basse Sainte-Chapelle *(Cérémonial de la Chambre des Comptes)*.

— En la même année 1589, le 9 août, sur l'avis donné à la Chambre des Comptes par le duc de Mayenne, que l'Evesque de Meaux, trésorier de la Sainte-Chapelle, l'avoit averti que l'on avoit trouvé dans les coffres du roi Henry III, après sa mort, les clefs des saintes Reliques de la Sainte-Chapelle, la Chambre commit deux maîtres des comptes pour, en la présence de l'Evesque de Meaux, faire remettre à la châsse des saintes Reliques pareil nombre de cadenats que ceux qui y étoient.

LES TRÉSORIERS ET CHANOINES.

Le 11 du même mois, sur le rapport fait à la Chambre par les commissaires, qu'après avoir, en présence du trésorier de la Sainte-Chapelle, ordonné au serrurier de faire deux cadenats, pour mettre au premier guichet de la châsse, il avoit jugé à propos de laisser l'une des clefs de ces cadenats à l'Evesque de Meaux, et de garder l'autre jusqu'à ce que la Chambre en eût ordonné. Les mêmes commissaires les portèrent le 16 du même mois, au duc de Mayenne, qui les pria de remercier, de sa part, la Chambre, de l'honneur qu'elle luy fesoit et se chargea des clefs *(Plumitif de la Chambre des Comptes dont il y a dans les archives de la Sainte-Chapelle une copie)*. Dans ce registre, sont spécifiés les reliquaires qui ont été vendus et fondus, tant pour l'entretien du service divin pendant les troubles de la religion, que pour faire la croix que l'on donne à baiser au peuple, le soleil du Saint-Sacrement sur son arbre de vie et la petite châsse de vermeil doré, qui est sur le grand autel.

— Du samedy vingt-septiesme jour dudit moys de janvier M.DC.VII (1).

Messieurs le trésorier, Froye, Calleys, Prouet, la

(1) Archives nationales (section historique), carton L, 748, mss. 8971; — *Registres des actes, délibérations et ordonnances de Messieurs les Trésauriers et Chanoines de la Sainte-Chapelle à Paris, faict et commencé le samedy XXIV juin 1603, par François Calleys, l'ung d'iceulx;* folio 31, verso.

Grange, le Roy, Nollement et Barrim, présents. Offres ont été faictes par Augustin le Viconte, maître clerc de l'escribtoire à mesdits sieurs, pour le louage de la maison des Estuves, située rue de Marivaulx, près Saint-Jacques-la-Boucherie, de la somme de deux cent quarante livres tournois, par chascun an (1).

A esté accordé à M. Denis Le Febure, en qualité de chapellain ordinaire de ladite Saincte-Chapelle, les chambres qui sont au-dessus de la monstée des chambres des marguilliers, joignant ladite église, à la charge de s'y comporter et d'y vivre modestement, sans y mettre aucune locataire, ne se l'attribuer comme chevetier, et a promis de indemniser lesdits sieurs de toutes poursuites et depens envers et contre tous les autres anciens chapellains, au cas qu'ilz en fussent inquiestés et reclamés des dites chambres, et en faire et passer acte et déclaration pardevant notaire touteffois et quant que requis en sera et pour approbation a signé le present acte.

(*Signé* : Le Febure.)

— Du mercredi, VIIIe jour de may mil six cent sept. Plus ont ordonné à leur tresorier de payer à Sebas-

---

(1) *Novembre et décembre 1509.* — Sentence du Garde de la Prévôté de Paris, intervenant dans un débat élevé entre Nicolas de Villars, bourgeois de Paris, et les chanoines de la Sainte-Chapelle, au sujet de la maison ayant pour enseigne : *Le Chat qui pêche.*

tien Bonjean, charpentier, la somme de quinze livres, pour le parfait payment de soixante et quinze livres, à laquelle a esté convenu de prix et marché faits, pour la charpenterie, par luy fourny, pour les bastimens du Chapitre.

— Du mercredi XIIIme dudit mois de juing audit an M.DC.VII.

Ont ordonné audit receveur de payer à Martin Flaman, maistre couvreur de tuille, la somme de vingt six livres tournois, pour avoir descouvert et recouvert la couverture du Chapitre et avoir fourny de clous, lattes, plastres, et gouttieres.

— Du samedy XXIIIe dudit mois de juing M.DC.VII.

Sur la requette cejourd'hui présentée par Jehan Antoine Joualin, libraire, lesdits sieurs luy ont permis d'installer ses livres entre les deux piliers désignés par sa requette, qui sont à gauche et proche de l'église de la Saincte-Chapelle, tirant du costé la première gallerye du Pallais, pourvu que lesdits livres ne soyent diffamatoires et prohibés par les saincts droits et ordonnances du Roy et sans touttefois qu'il luy soit permys y attacher aulcunes armoires à pattes de fer, ny à clous et qui ne soit portative, pour oster, déplacer chascun jour et sans faire aulcune desmolition de ladite place, ny en icelle, aussy y pouvoir faire attacher à plastre ny à aide-mortier, aulcune bande de fer, ny crampons à ladite muraille, ny pillier d'icelle, et ce, pour tel temps qu'il plaira ausdits sieurs, sans tirer à conséquence.

A la même date, lesdits sieurs ont ordonné à leur dit Receveur de payer au sieur Alleaume, compagnon masson, la somme de cent onze livres, six souz, huict deniers tournois, pour le parfait payement de la massonnerye, qu'il a faicte de neuf, à la réedification dudit Chapitre.

— Du samedy XIIIIme dudit moys de juillet M.DC.VII.

Lesdits sieurs ont ordonné à leur dit Receveur de payer à Pierre Monstrue, maistre menuisier, sur la menuiserie des banquettes et croisées qu'il a faite au Chapitre, la somme de vingt-cinq livres tournois.

Total de la menuiserie du Chapitre : cent cinq livres tournois.

— Du samedi XXIXme dudit mois de novembre M.DC.VIII.

Lesdits sieurs ont ordonné que Nicolas Mer, taillieur d'abbits au baillage du Palais, lequel occuppe une petite boutique ou eschoppe, qui est entre deux pilliers de la basse Saincte-Chapelle et proche la barrière, sera adjourné aux requestes du Palais, pour vendre hors de ladite boutique et en laisser la disposition et possession à mesdits sieurs comme estant de l'enceinte et pourpris de leur dite église.

— Du mercredy XXVIme jour dudit mois d'aoust M.DC.IX.

Lesdits sieurs ont ordonné à M. Claude Durand, leur receveur, de fournir et dellivrer à Me Nicolas Goujollet, prestre et vuiquaire de la basse Saincte-Chapelle, la somme de vingt livres tournois, que lesdits sieurs ont accordé, pour la closture de la menuiserie, qu'il a faict faire à l'entour du grand hostel de la basse Saincte-Chapelle.

— Du mercredy XXIXme jour dudit moys de juin M.DC.XI.

Item, susdict jour, susdicts sieurs ont ordonné à Louis Confiat, maître patenostrier et marchand verrié, demeurant en la rue de la Barillerie, une chambre basse située derrière la grande porte du Palais, vis à vis de la rue de la Vieille-Draperie, dépendante de la grande montée des Chantres, pour l'espace de neuf années.

— Du mercredy IXme jour de may M.DC.XII.

Au susdit jour, sur la proposition qui avoit esté faicte en l'assemblée de présenter sous le nom de la compagnie, sur requeste, au Conseil privé du Roy, pour intervenir en certain procès pendant en iceluy, entre Estienne Charpentier et Anthoisne Tiardouville, appellant d'une sentence donnée par Mes. les tresoriers des finances, à Paris, d'une part; et Gilles Naudot et Thomas de la Suette et consorts intimez, d'une part;

et que lesdits de la Sainte-Chapelle estoient poursuiviz de fournir leurs deffenses et moyenz d'intervention. Après avoir ouy lesdits Charpentier, Naudot et de la Suette au Chapitre et recognu que le principal différend des parties consistoit en la profondeur des eschoppes, mentionnées au procez, ont déclarez qu'ilz n'ont aulcun intérêt audit procès, que pour confirmer le passage libre, et n'empeschent lesdits de la Saincte-Chapelle, que celui qui obtiendra gain de cause ne fasse bastir lesdites eschoppes, pourvu qu'il n'advance et n'enticipe aulcune chose sur la montée et n'offusque ou fasse prejudice au jour de la basse Saincte-Chapelle.

— Du mercredy VIIme du dict mois d'aoust M.DC.XIII.

Item, au susdit jour, susdits sieurs ont consenti et accordé à M. Pierre Chaillon, mercier du Palais, d'édiffier sa boutique, qui est sur le perron de la Saincte-Chapelle, de la mesme hausteur et largeur qu'elle estoit, sans faire aulcune suspendue, encore qu'elle soit portée sur la visitation qui a été faite de ladite boutique.

— Sous la troisième fenêtre de la Sainte-Chapelle, à la hauteur du rond-point qui marque la séparation du chœur avec la nef, on voit de chaque côté un renfoncement ou arcade surbaissée, pratiquée dans l'épaisseur des murs latéraux ; les deux niches à riches archivoltes, où figurent, en regard, deux des personnes divines, étaient les places d'honneur où, jusqu'à Louis XI, se tenaient les rois et les princes pour entendre le service divin. Depuis ce règne jusqu'à celui de Henri II, c'est là que siégeaient ordinairement, vis-à-vis l'un de l'autre, le trésorier et le chantre, accompagnés des chanoines et des chapelains perpétuels.

MM. les Chanoines dressèrent, de l'incendie de la Sainte-Chapelle, le procès-verbal suivant :

Le vendredy vingt six du présent mois (juillet 1630), sur les quatre heures après midy, le feu s'estant mis et allumé au comble et clocher de la Saincte-Chapelle, que la négligence des plombiers, qui travailloient audit comble, envoyés par Henry de la Rue, plombier ordinaire, commis par Messieurs des Comptes à travailler de son vu auxdites reparations de la dicte Saincte-Chapelle, lequel feu auroit commencé au-dessus du grand autel, et ayant paru au dehors de la couverture, lesdits sieurs chanoines auroient envoyé à Monsieur de Montbason, gouverneur de Paris et bailly du Pallais et à l'hostel de ville, pour les advertir du malheureux accident arrivé audict comble, et envoyer un prompt secours ; ce qui fut par eux faict, lequel sieur de Montbason, messieurs les Eschevains de ladicte ville et le lieutenant dudit sieur bailli du Palais vinrent

Voyant lesdits sieurs chanoines que le feu gaignoit toute la couverture et qu'en un instant on vit le clocher à bas, que le plomb fondu ruisseloit de toutes parts, par dehors et même au dedans de ladicte Saincte-Chapelle par les trous qui estoient à la voûte, et craignant que ladicte voûte vînt à tomber, lesdits sieurs chanoines adviserent qu'il falloit descendre les sainctes et précieuses reliques, qui estoient en la châsse au-dessus de l'autel et les mettre dans le trésor, où sont les autres sainctes reliques, ce qui fut faict à l'instant et furent transportées en présence dudit sieur bailly du Pallais et duquel transport ensemble de l'incendie arrivé audit comble de la Saincte-Chapelle et de ce qui s'y est passé ledit lieutenant du sieur bailly du Pallais en a faict un procès-verbal; lequel procès-verbal lesdits sieurs ont ordonné à leur receveur d'en tirer une copie, pour estre icelle mise au Trésor des chartes et papiers de la Saincte-Chapelle avec copie du présent narré.

Et le samedy du suivant, vingt sept du présent mois, lesdits sieurs chanoines assemblés, selon l'ordinaire, en leur Chapitre, pour délibérer de ce qui seroit nécessaire sur ladite incendie arrivée le jour précédent en ladite Saincte-Chapelle, deputèrent Messieurs Mareschal, de Vaudetar, Picot et Loysel, chanoines, vers Messieurs de la Chambre des Comptes, pour leur faire entendre ce qui s'étoit passé, ensemble adviser, avec eux, quel prompt remède on pourroit apporter pour réparer ce désastre et conserver ce qui estoit resté. Sur laquelle proposition, Monsieur le premier Président, Monsieur le président Tambonneau, Messieurs Nallé, Berthélemy de Lesseville et Paris et quelques autres, Monsieur l'Advocat du Roy et Monsieur le Procureur général de ladite Chambre, assistés de leur greffier, se transportèrent en ladite Saincte-Chapelle, avec Messieurs Barrin de la Grange et de Longueil, chanoines, puis après, entrèrent dans le trésor, où tous ensemble avec lesdits sieurs chanoines, firent le recollement desdites sainctes et précieuses reliques, qui avoient esté descendues de la châsse qui estoit dessus le grand autel et transportées audit trésor. Lequel recollement a esté faict par lesdits sieurs des comptes et chanoines, tant desdites sainctes reliques que des pierreries qui sont à l'entour d'icelles, et le tout suivant et conformément aux inventaires signés, trouvés dans ladicte châsse, lesquels se trouvèrent conformes auxdites sainctes reliques, duquel recollement en a été dressé un acte, par lesdits sieurs Président et maistres des comptes, et après ledit acte dressé et avoir reconnu qu'il ne s'estoit égarré ny perdu ny destaché aucune pierre ny aucune chose, lesdictes sainctes reliques ont esté délaissées audit thrésor, enfermées dans des coffres forts, puis a esté murée la porte dudit trésor. Dont et de tout ce que dessus a esté ordonné par lesdits sieurs chanoines que le présent acte en seroit dressé et icelui inseré en leur registre de délibérations, ce qui a esté faict ledit jour et an, et a esté ordonné qu'il en seroit autant mis au Trésor des chartes de ladicte Saincte-Chapelle.

— Jean Godinot, prestre docteur (1) en théologie, chanoine de ladite église de Reims, étoit grand-vicaire de la Saincte-Chapelle de Paris (4 février 1719).

— Maistre Guillaume Cretin étoit, en son vivant, chantre de la Saincte-Chapelle royale à Paris, et trésorier (2) du boys de Vincennes.

Rabelais, dans son *Pantagruel,* le désigne sous le nom de Rominagrobis.

— Ses *Chants royaulx, Oraisons* et aultres petits traictez ont été, en 1524, imprimés à Paris, par Jehan Sainct-Denys, libraire, demourant en la rue Neufve-Nostre-Dame, à l'enseigne Sainct-Nicolas.

Une autre édition plus complète des œuvres de ce poëte parisien a été donnée par Urbain Coustelier (Paris, 1723; in-12).

(1) *Archives administratives de la ville de Reims,* t. III, p. 851.
(2) *Ibidem.*

— Il paraît qu'il y eut commencement de procès entre le roi et les chanoines de la Sainte-Chapelle (1), à l'occasion des nouvelles constructions faites sous la direction de M. Demaisons; ces constructions nécessitaient, en effet, la démolition des sacristies de la basse et de la haute Sainte-Chapelle et en supprimaient le cimetière.

Les chanoines de la Sainte-Chapelle furent supprimés par la loi du 18 août 1792, qui ordonne la suppression des congrégations et confréries de toute espèce, dont les biens sont regardés comme biens nationaux.

Depuis cette époque, la Sainte-Chapelle resta abandonnée, pendant dix ans, comme beaucoup d'autres églises; elle servit, pendant cet espace de temps, de magasin à farine et à avoine; enfin, l'an X (1801 à 1802), M. Terrasse père, alors archiviste de la section judiciaire, obtint la permission d'employer ce local pour l'augmentation des archives.

Les réparations nécessaires et la construction des armoires destinées à contenir les titres, furent dirigées par MM. de Beaumont et Moreau. Ces architectes firent remanier ou refaire le dallage et

---

(1) Renseignement donné par M. Terrasse, archiviste de la section judiciaire à la Sainte-Chapelle du Palais.

réparer les vitraux, alors en fort mauvais état; après avoir fait murer les croisées jusqu'à la hauteur des armoires, ils se servirent des morceaux qui provenaient de la partie inférieure pour réparer le haut de ces admirables croisées qui, malgré les ravages du temps et des révolutions, brillent encore de ces éblouissantes couleurs, à la fois si puissantes et si harmonieuses.

Tous ces travaux furent terminés en l'an XI (1802 à 1803), époque à laquelle une partie des archives judiciaires fut installée dans la haute Sainte-Chapelle.

Liste chronologique des Trésoriers de la Sainte-Chapelle.

	Années.
Mathieu (1).............................	1248
Grégoire de Meulan......................	1279
Pierre de Micourt.......................	1297
Gui de Laon (2)..........................	1301

(1) Il était chapelain de la chapelle de Saint-Nicolas, que saint Louis fit démolir pour bâtir la Sainte-Chapelle, et pour le dédommager de la perte volontaire de son bénéfice, le roi lui donna une des sept prébendes qu'il avait fondées (1245).

(2) Il fonda, en 1315, avec Raoul de Presles, le collége de Laon.

	Années.
Eudes Boileau	1328
Jehan de Meulan	1335
Pierre Houdant	1348
Hugues de Neaufle	1352
Arnoult de Grandpont	1363
Hugues Boileau	1373
Pierre d'Ailly	1394
Clément Petit	1396
Hugues Blanchet	1399
Isambert Martel	1406
Jacques de Bourbon	1408
Arnould de Chareton	1417
Jean Manchon	1419
Philippe de Rully	1420
Pierre Bechebien	1440
Olivier du Châtel	1445
Antoine Crépin	1447
Jean Dauxy	1449
Gui le Bel	1452
Jacques Moreau	1468
Olivier de Pontbrian	1476
Gilles de Pontbrian	1505
Nicolas de Coquebourne	1510
Robert de Coquebourne	1517
Philippe Pot	1517
Robert Cenal	1525
François Babou	1530
Philibert Babou	1531

LA SAINTE-CHAPELLE.

	Années.
Jean du Drac	1543
Antoine d'Estrées	1555
François de Butor	1559
Pierre de Gondi	1566
Louis de Brézé	1570
Nicolas de Villars	1589
Bernard Prévost	1594
Jean Touchart	1594
Abel de Montliard	1597
Charles de Balzac	1598
Gilles de Louvré	1625
Gabriel de Morand	1631
Anne de Lévi de Ventadour	1649
Edouard Molé	1649
Claude Auvry	1653
Louis-Gaston Fleuriau	1687
Antoine Bochard de Champigny	1699
Nicolas Vichy de Chaniron	1739
Louis-Joseph de Moÿ	1783

CHAPITRE VII.

SERMENT DES CHANOINES ET CHAPELAINS.

Les trésoriers, chanoines et les autres membres de la Sainte-Chapelle prêtaient un serment particulier dont le texte nous a été conservé en la pièce suivante :

Forma juramenti DD. Thesaurarii, Canonicorum et aliorum Collegii Sanctæ Capellæ.

Juramentum thesaurarii : — « Ego thesaurarius juro et affirmo quôd continuam residentiam faciam bonâ fide. — Quòd omnes quascumque singulas et universas Reliquias, omnemque thesaurum hujus Sanctæ Regalis Capellæ, tàm in auro quàm in argentó, ac lapidibus pretiosis, libris, et rebus aliis quibuscumque benè et fideliter observabo. — Quòd secreta Collegii nemini pandam, seu detegam, aut revelabo. — Quòd distributiones quovis modo non recipiam aut habebo nisi (1) horis interfuero, prout hactenûs est fieri consuetum, nisi infirmus, vel minutus, seu Ecclesiæ legitimè negotiis impeditus sive occupatus, aut missâ novâ alicujus amici mei Parisiis celebrandâ, in nuptiis, funeralibus aut principio seu proposito necessaria alicujus amicorum meorum interfuero. — Quòd absque consilio et assensu Collegii aliquas novas consuetudines, nullo modo, introducam, nec antiquas aliqualiter immutabo. Sic me Deus adjuvet et hæc sancta Evangelia. »

D. Thesaurarius post juramentum ab ipso, modò superiùs descripto præstitum et factum, debet osculari cantorem et canonicos, unum post alium, prout

---

(1) La tonsure et la barbe devaient être faites aux chanoines à Pâques, à la Dédicace, à la Pentecôte, à l'Assomption, à la Purification de la Vierge, à Toussaint, à Noël. Les officiers de l'autel et du chœur devaient être rasés et tonsurés, outre les fêtes annuelles, tous les dimanches, les vendredis et samedis. Il était défendu aux chanoines de la Sainte-Chapelle de porter des chausses retroussées au genou, à la façon des paillards (statut de 1645). — Tout chanoine ayant atteint l'âge de soixante ans devait le déclarer au Chapitre, qui l'exemptait des Matines, à l'exception des Vigiles qui se disent, en été, après Vêpres. Celui qui avait été saigné ou purgé avait trois jours libres pour se reposer et pour se promener.

sunt in ordine canonici, in signum fraternitatis et dilectionis. Et deindè debet à prædicto cantore, in primâ sede dextri thori et in primâ sede Collegii apponi : quo facto debet poni in possessionem domûs, ad suam Thesaurariam pertinentis.

Juramentum cantoris. — « Ego juro quòd residentiam continuam faciam bonâ fide; quòdque singulis horis diurnis et nocturnis, à principio usquè in finem, interero bonâ fide, nisi legitimum impedimentum habuero, aut infirmus vel minutus, seu Ecclesiæ legitimè negotiis occupatus, aut in missâ novâ alicujus amici mei Parisiis celebrandâ, in nuptiis, funeralibus, aut principio seu proposito necessario alicujus meorum interfuero amicorum ; alioquin distributiones quæ in horâ, vel horis in quibus deficiam, fieri sunt consuetæ, non recipiam. Quòd ego quoad ea quæ statutum et honestatem chori prospexerint, debitæ increpationis, pro modulo meo psallendi psalmodiendique et legendi seriosè et distinctè in ipsâ Capellâ superiori et inferiori, ac divinum, prout inibi consuevit ministerium horis diurnis et nocturnis fieri faciendi, exercere studebo. Quòd omnes et singulos capellanos et clericos, in exhibitione debiti servitii delinquentes, ignorantes, inobedientes et remissos increpabo et eorum defectus nulli ipsorum, sub juramento, parcendo, thesaurario qui fuerit pro tempore, denuntiare studebo, ut eos puniat, prout viderit faciendum. Quòd in festis annualibus, videlicet in utrisque vesperis, in matutinis et in missâ tenebo chorum, nisi debilitate corporis aut infirmitate fuero excusatus; et cùm casus prædictus evenerit, propter quem prædicta adimplere non valebo, per aliquem canonicorum, si eidem placuerit, juri procurabo, et si canonicus requisitus facere noluerit, tunc per capellanum meum fieri faciam. Quòd lectiones, Evangelia, Epistolas ab illis qui per tabulam, vel aliàs, in Capellâ legere tenebuntur, antequàm legant, audiam, auscultabo, corrigam, remendabo, ut in lecturâ, accentu et pronuntiatione non interveniat defectus. Qui legentes, si pronuntiando vel legendo defuerint, perdent et amittent commodum horæ quâ legerint, nisi priùs, ut dictum est, auditi fuerint à me cantore. Quòd ego tabulam chori faciam, prout hactenùs in Capellâ prædictâ est fieri consuetum, aut per capellanum aut clericum meum, vel alium de Collegio, ad hoc idoneum, fieri procurabo. Quòd omnes processiones institutas et instituendas regam, ordinabo et disponam in cantu et aliis, pro posse, sicut decet. Quòd omnes et singulas Reliquias, omnemque thesaurum hujus Sanctæ Capellæ, tàm in auro quàm in argento, lapidibus pretiosis, libris, et rebus aliis quibuscumque benè et fideliter observabo et vobis thesaurario, vel ei qui fuerit pro tempore si quid mali scivero nuntiabo. Quòd secreta Collegii nemini detegam, aut etiam revelabo. Quòd juxtà ordinationem Regiam quovis modo non consentiam quod de cætero in possessionem thesaurariæ præsentis Sacræ Capellæ aliquis inducatur nisi priùs fuerit in sancto presbyteratûs ordine constitutus. Sic me Deus adjuvet et hæc sancta Evangelia. »

D. Canonicus (1), facto juramento superiùs scripto debet dominum Thesaurarium, Cantorem et singulos Canonicos, juxtà eorum ordinem, osculari, in signum fraternitatis et dilectionis. Deindè debet à Thesaurario in choro installari, scilicet in parte dextrâ, si præbenda, vel prædecessor suus in præbendâ, illius chori vel partis fuerat : et si sinistri chori, debet in sinistro choro installari. Deindè in congregatione Collegii debet ei dari locus, et ultimò mitti in possessionem domûs suæ præbendæ pertinentis.

Juramentum sex Capellanorum perpetuorum, accipientium quotidianas distributiones in Sanctâ Capellâ.

« Ego juro quòd continuam residentiam faciam bonâ fide, juxtà capellaniæ meæ fundationem. Quòd altari seu capellaniæ meæ prædictæ benè et diligenter deserviam, prout ex ejus fundatione teneor, et per prædecessores meos est fieri consuetum. Quòd contrà Thesaurarium et Canonicos nullatenùs machinabo, sed ipsis omnibus,

---

(1) Pour éviter la confusion avec les chanoines des autres églises de Paris, Charles VI ordonna que ceux de la Sainte-Chapelle porteraient, au lieu d'aumusses noires sur la tête, des aumusses de petit gris, fourrées de menu vair, dont il fit offrande aux trésorier et chanoines (Félibien, t. III).

sicut decet, honorem et reverentiam exhibebo. Quòd sanctas Reliquias universas et singulas, omnemque thesaurum hujus Sacræ Capellæ in auro, argento, lapidibus pretiosis, libris, ornamentis, et rebus aliis quibuscumque benè et legaliter conservabo et damnum sive defectum, si quem sciverim, vobis Thesaurario, aut illi qui fuerit, pro tempore, nuntiabo. Quòd chorum fideliter prosequar et officia in tabulâ inscripta, et quæ mihi à Cantore imperata seu injuncta fuerint, prout potero, meliùs adimplebo. Quòd distributiones non petam, nec recipiam, nisi horis præsens fuero, sicut hactenùs est fieri consuetum. Sic me Deus adjuvet et hæc sancta Evangelia. »

Facto juramento superiùs descripto, debet Capellanus perpetuus accipiens quotidianas distributiones, in parte chori sui prædecessoris installari. Deindè debent ei tradi suæ capellaniæ universa et singula ornamenta; et ultimò debet poni in domûs suæ capellaniæ possessionem.

Idem juramentum præstant Capellani perpetui non accipientes quotidianas distributiones in Sanctâ Capellâ.

Juramentum Capellanorum et Clericorum DD. Thesaurarii et Canonicorum.

« Ego juro quòd continuam residentiam in præsenti Sacrâ Capellâ faciam bonâ fide, quòdque chorum et

SERMENT DES CHANOINES ET CHAPELAINS. 107

totum servitium diurnum et nocturnum ipsius diligenter prosequar et officia solita et instituta, quibus in tabulâ ero adscriptus et intitulatus, et quæ à domino Cantore mihi erunt imperata, prout meliùs et diligentiùs potero, adimplebo; nec distributiones aliquas petam aut recipiam quovis modo, nisi horis quibus lucrantur, præsens interfuero, juxtà ordinationem regiam in fundatione horarum canonicarum totiùs expressam. Quòd domino Regi et ejus successoribus Franciæ Regibus sanctas Reliquias universas et singulas et totum thesaurum hujus Sacræ Capellæ, tàm in auro quàm in argento et lapidibus pretiosis, ornamentis, libris etiam et quibuscumque rebus aliis benè et fideliter conservabo; et si in præmissis aut præmissorum aliquod damnum aut detrimentum mihi innocuerit, vobis, domino meo Thesaurario, aut illi qui pro tempore fuerit, citiùs quàm potuero notificabo. Quòd domino et magistro meo, in omnibus licitis et honestis, humiliter parebo, res et bona sua fideliter et diligenter conservabo, nec secretum suum, in ejus dedecus et vituperium, seu præjudicium, nullatenùs revelabo. Quòd ultrà tres dies absque licentiâ vestrâ, domine me Thesaurarii, et etiam domini et magistri mei nunquàm de Parisiis me absentabo et etiam Parisiis extrà septa hujus Palatii, nisi de licentiâ ejusdem domini et magistri mei, dummodò ejus præsentiam habere potuero, non pernoctabo. Quòd contrà vos et dominos Canonicos nullatenùs machinabo, immò vobis tanquàm judici et superiori meo obedientiam et subjectionem, et ipsis reverentiam et honorem, sicut decet, humiliter exhibebo. Quòd ordinationem missarum defuncti regis Caroli V, juxtà sui institutionem et fundationem benè et diligenter observabo. Sic me Deus adjuvet et hæc sancta Dei Evangelia. »

Capellani et clerici Canonicorum nullo modo installantur, quia non habent hîc serviendo beneficium et ratione et causâ beneficii sit installatio.

Pueri chori debent ad formulas installari, sine juramento.

CHAPITRE VIII.

OFFRANDES ET AUMÔNES ALLOUÉES A LA SAINTE-CHAPELLE.

La Sainte-Chapelle recevait, nous l'avons dit, de nombreuses offrandes, constatées par des chartes royales; nous allons rapporter ici les principaux de ces documents :

[1286, février, à Paris.]

Nous, Philippe-le-Bel, décidons (1) que les offrandes, aumônes et profits casuels *(obventiones)* que notre Sainte-Chapelle recevra, à l'occasion des reliques, seront attribués aux chapelains et aux marguilliers, pour

---

(1) *Archives nationales.* — K, 35, n° 15.

leur faire une distribution de vin dont le (1) maître chapelain aura double part. En mémoire et récompense de cette donation, on célébrera, chaque année, l'anniversaire du roi Philippe-le-Hardi et celui de Jeanne d'Aragon, sa femme.

— Lettres du roy Louis Hutin, par lesquelles il donne aux chanoines de la Sainte-Chapelle de Paris, par an : 1º soixante et seize livres de rente, qu'il leur assigne sur les vicomtez de Caen et Bayeux, et sur le bailliage de Sens, et justice; 2º un 13ᵉ chanoine, outre les huict instituez par le roy sainct Louys et les quatre instituez par Philippe-le-Bel, son père. *(A Paris, l'an mil trois cens quinze, au mois de juin.)*

— Lettres du roy Philippe-le-Long et Pierre de Condet à Ambry de Charmaye, clerc, et Guillaume de Marcely, chevalier, par lesquelles il leur mande qu'ils ayent à adviser où pourront estre assignés rentes et revenus aux chanoines de la Sainte-Chapelle au bailliage

---

(1) Pour honorer saint Louis, canonisé en 1297, Philippe-le-Bel choisit les Augustins de Paris pour honorer les fêtes de son aïeul, dont l'une avait lieu lors du décès, en août, et l'autre au jour de sa translation. Chacun de ces religieux recevait neuf deniers parisis pour les premières vêpres célébrées, le lundi après l'Ascension, à la Sainte-Chapelle, et dix-huit pour la messe solennelle et la prédication (Félibien, t. III et t. I, l. vII).

de Caen et Chasteauneuf sur Loire. *(Le 25ᵉ de novembre, en l'an 1317). — (Scellée).*

— Don du droit de patronnage ez paroisses de Luthère d'Aubigny et de Granville, au diocèse de Coustance (1), par Charles-le-Bel, aux trésorier et chanoines de la Sainte-Chapelle, estant reservée au Roy le droit de presentation et nomination de vicaires perpétuels ez églises desdites paroisses. *(A Paris, en l'an 1327.) — (Scellée.)*

— Don de quatre vingt cinq livres treize sols tournois de rente, à prendre au tresorier et aux chanoines de la Sainte-Chapelle, à Paris, avec le consentement de sa femme Marie de Haynault. *(A la Sainte-Chapelle, à Paris, le vendredy après l'Ascension, en l'an 1325.)*

— Don de quatre cens livres de rente, par le roy Charles Vᵉ, aux tresorier et chanoines de la Sainte-Chapelle, à Paris, à prendre ez prévostez de Saint-Quentin en Vermandois et de Ribemont. *(A Paris, au mois d'octobre, en l'an 1367). — (Scellée.)*

Charles V fit revêtir d'une splendide couver-

---

(1) Coutances, autrefois *Constantia Normanorum*, possède une admirable cathédrale, dont la flèche domine les plaines de la Normandie.

ture un *Evangéliaire* de la Sainte-Chapelle (1).

Vente de quatre livres parisis de rente à prendre sur une maison sise à Paris, rue aux Termes, hors la porte Saint-Denys, par Guillaume Girard, armurier du roy, au nom et proffit des trésorier et chanoines et collége de la Sainte-Chapelle, pour la somme de cent livres tournois. *(A Paris, le sixiesme jour de febvrier 1390.)* — *(Scellée.)*

— Saisine de la vente du 6 febvrier 1390 au proffit desd. chanoines, en l'an 1394, au mois de febvrier.

— Transport de ladite vente faite par lesdits de la Sainte-Chapelle au Palais Royal, à Paris, pour la somme de mil six cens quatre vingts livres d'or receus d'eux pour et au nom du roy; donnée en l'assemblée de ladite Sainte-Chapelle, le huictiesme jour du mois de juillet, en l'an 1402.

— Don de quatre cens soixante et quatorze livres de rente annuelle par le roy Charles sixiesme aux trésorier et chanoines de la Sainte-Chapelle du Pa-

---

(1) Bibliothèque nationale de Paris; manuscrit latin 8851; articles 5 et 1050 du *Catalogue des livres de Charles V*; — Léopold Delisle, *Cabinet des manuscrits de la Bibliothèque impériale. — Paris, 1868.*

lais Royal, en l'an 1402, le sixiesme d'octobre. — *(Scellée.)*

— Récompense de six cens soixante et huit livres vingt cinq sols de rente annuelle à prendre sur les charges et forges et orpheures estans sur le grand pont, à Paris, ordonné par le roy Charles VIe aux trésoriers de la Sainte-Chapelle, à Paris, pour n'avoir les dits de la Sainte-Chapelle jouy entièrement de la somme de mil sept cens cinquante et une livres de rente qui leur avoit esté donnée et assignée sur les vicomtez de Cayen et Bayeux, par le roy Charles le Bel. (En l'an 1403, au mois de septembre.) — *(Scèllée.)* — *Deux roulleaux de minutte ratturez en plusieurs endroits et sans datte.*

Le 19 août 1411, les membres du Parlement (1) s'étant assemblés, Aleaume Cachemarée (2), huissier, et ses quatre collègues, désignés pour faire le service pendant le mois d'août, ne parurent pas. — Il n'y eut pas un huissier pour introduire les membres du Parlement, et, après délibération, la Cour condamna chacun des huissiers à une amende de

---

(1) *Parlement; matinées* (VII. fol. 221), v° *Ordinationes antiquæ*. (Archives nationales, X, 4789; X, 859.)

(2) *Le Registre criminel du Châtelet de Paris,* édité par M. Duplès-Agier. (Lahure, imprimeur-éditeur à Paris.)

20 sols parisis au proffit de la Chapelle de la salle du Palais, avec injonction à Robert Chaurre, huissier, de procéder sans retard à cette exécution.

Les ordonnances exigeaient la présence d'au moins six huissiers au Parlement, pendant la durée de chaque mois.

En 1644, Henry de Lorraine, abbé de Saint-Nicaise, ayant quitté l'état ecclésiastique, le roi concéda l'abbaye même aux chapitre et chanoines de la Sainte-Chapelle de Paris (1), en récompense de la régale qu'ils avaient à prendre sur les évêchés vacants du royaume (2).

Le brevet du don de l'abbaye de Saint-Nicaise, de Reims, est ainsi conçu :

Le 24 décembre 1704, le roi étant à Versailles, considérant l'affection particulière, que ses prédécesseurs

---

(1) Morlot. — *Histoire de Reims*.
(2) La justice de Saint-Nicaise fonctionnait encore aux dix-septième et dix-huitième siècles. Voir *les Anciennes juridictions de Reims,* par notre érudit collègue, M. Vanier (Reims, imprimerie de Dubois, 1870).

ont toujours eue pour la Sainte-Chapelle de son palais, à Paris, que S. M. regarde encore à présent comme le plus célèbre monument de la piété de saint Louis, son fondateur, et sa première et principale chapelle, et étant informé que les revenus en sont notablement diminués et ne suffisent plus pour l'entretien du grand nombre d'ecclésiastiques qui la desservent, S. M. a accordé et fait don aux trésorier et chanoines de ladite Sainte-Chapelle, de l'abbaye de Saint-Nicaise, de Reims, ordre de Saint-Benoît, vacant tant par le décès de messire Henri de Lorraine, dernier commendataire d'icelle, qu'autrement, pour en être le titre éteint et supprimé, et la mense abbatiale, avec tous ses biens, droits et revenus, unie à perpétuité à ladite Sainte-Chapelle.

..... Ayant Sa Majesté commandé d'expédier toutes lettres et dépêches nécessaires en cour de Rome, pour l'obtention des Bulles d'union de ladite abbaye et desdits prieurés et chapelles.

— Le 30 mai 1712, les lettres-patentes, contenant la réunion des revenus de l'abbaye de Sainte-Marie, de Reims, à la Sainte-Chapelle, ont été, sur les conclusions du Procureur Général, registrées en Parlement, ouï le rapport de M. René Pucelle, conseiller, sans approbation, toutefois, de la clause : *Diocesani loci, aut cujusvis alterius licentiâ desuper minimè requisitâ*, contenue esdites Bulles.

Le 26 février 1790, M. Melchior Boitel, receveur du Collége (1) de la Sainte-Chapelle, pour se conformer au décret du 13 novembre 1789 de l'Assemblée nationale, fait la déclaration suivante :

Les revenus de la Sainte-Chapelle consistent :

	livres.	sous.	den.
1º Rentes sur l'Hôtel-de-Ville...	1,424	15	»
2º Rentes sur l'ancien clergé.....	15	»	»
3º Rentes sur le domaine du roi.	1,599	8	»
4º Rentes sur le domaine de la ville......................	147	9	»
5º Rentes sur les particuliers....	329	5	»
6º Rentes sur le nouveau clergé..	200	»	»
7º Rentes sur douze maisons et plusieurs boutiques, enclos du Palais.......................	272	12	»
8º Loyers de maisons, boutiques, échoppes.....................	14,611	»	»
9º Biens à Picpus.............	1,600	»	»
10º Dans la baronnie de Viuruville, la ferme de Butzdorey et trois granges dîmeresses, le do-			
A reporter......	20,199	9	»

(1) Archives nationales; section historique, carton S, nº 943.

OFFRANDES ET AUMONES ALLOUÉES.

	livres.	sous.	den.
Report......	20,199	9	»
maine de Colleville, rentes domaniales dans les bailliages et vicomtés de Caen et Bayeux, le tout en Normandie.................. par an.	14,000	»	»
11° Dans les fief et seigneurie de la Bussière, paroisse de Soupes en Gâtinais................	1,410	»	»
12° Une redevance de douze deniers en argent et un boisseau d'orge, mesure de Châteaulandon.	»	»	12
13° Biens à Neuilly-sur-Marne, loués......................	120	»	»
14° Redevances de grains à Jouy et à Menerville, diocèse de Chartres......................	1,610	»	»
15° Ferme de Savigny, près Aulnai, paroisse de Gonesse........	2,511	»	»
16° Ferme de Gonesse, produisant.	1,267	10	»
17° La seigneurie de Fericy, dans l'Orléanais.................	546	5	»
18° Le petit fief d'Estrieliers, près Saint-Quentin................	118	7	»
19° Le domaine de Gonesse......	342	18	»
20° Le produit du moulin d'Oigny,	475	4	»
A reporter......	42,600	13	12

LA SAINTE-CHAPELLE.

	livres.	sous.	den.
Report......	42,600	13	12
21° Le bois de Langenerie.......	3,691	16	»
22° Le produit des bois de Féricy, montant à....................	2,930	»	»
23° Une redevance de 14 livres de cire blanche, due par le fief de Montreuil-sur-Vincennes.			
Déclare, en outre, M. Boitel, que la Sainte-Chapelle possède l'abbaye de Saint-Nicaise, ordre de Saint-Benoît, diocèse de Rheims, dont les revenus consistent, pour la Sainte-Chapelle seulement, en la somme de....................	14,586	3	»
2° Le produit de deux tiers du revenu net du prieuré de Château-portien.....................	2,068	6	»
3° Moitié du revenu net du prieuré de Fives, dans l'un des faubourgs de Lille...............	2,755	16	»
4° Deux tiers du produit net du prieuré de Rumigny...........	2,443	9	»
5° Le produit des chapelles de Saint-Léger, de Pargny, de Saint-Germain-Mont et de Rumigny.....	1,329	4	»
Actif total........	72,405	7	12

A quoi il faut ajouter le revenu des immeubles dont jouissent les chanoines, chacun ayant le sien. De ce chef, ils retirent :

	livres.	sous.	den.
M. Treteau	2,200	»	»
M. Morand	2,136	»	»
M. Soos	3,950	»	»
M. Legros	5,000	»	»
M. d'Albignan de Montas	5,292	»	»
M. de Pourteiran	2,500	»	»
M. Léon de Perthuis	3,000	»	»
M. Conti d'Hargicourt	4,254	»	»
M. d'Aubignan	3,270	»	»
M. Legros jeune	4,200	»	»
M. Pourteyron jeune	2,100	»	»
M. Boitel	4,400	»	»
	42,302	»	»

A quoi faut ajouter le legs, libéralité testamentaire faite par un sieur Bochard de Champigny d'une rente de 2,013 livres sur l'Hôtel-de-Ville de Paris au profit des chapelains et clercs (1).

---

(1) Cette déclaration du sieur Boitel n'était pas tout-à-fait exacte et, dans le collége même de la Sainte-Chapelle, il s'éleva

Passif.

	livres.	sous.	den.
Les charges de la Sainte-Chapelle, pour ce qui concerne les biens lui appartenant, s'élèvent à une somme de..............................	42,669	»	»
Les dépenses pour les offices montent, annuellement, à,...........	31,115	»	»
Total........	73,784	»	»

Les dettes exigibles se montent, en totalité, à la somme de 186,800 livres.

Municipalité de Paris. — Commission de l'administration des biens nationaux. — Bureau de liquidation. — Du 27 *mars 1792.*

Les ci-devant chanoines, chapelains perpétuels et ordinaires, clercs et marguilliers, composant le collége de la Sainte-Chapelle du Palais, à Paris,

des réclamations contre elle. La Commission de l'administration des biens nationaux est arrivée à d'autres résultats : — Nous n'avons rapporté ici la déclaration du sieur Boitel, que parce qu'elle précise en quoi consistaient les biens de la Sainte-Chapelle, et en donne le détail.

OFFRANDES ET AUMONES ALLOUÉES.

Demandent qu'après avoir constaté le montant du revenu net de la sainte dite église, la division et distribution en soit faite entre eux dans les proportions établies par les chartes de fondation et de réformation de la Sainte-Chapelle et que, sur la portion dont chacun d'eux jouissait et avait droit de jouir, il lui soit fixé un traitement définitif, conformément à la loi du 24 août 1790.

Il faut placer ici une observation importante et nécessaire : la déclaration du sieur Boitel ne peut être admise; elle porte les revenus particuliers de la Sainte-Chapelle à 50,977 livres, et ceux de l'abbaye de Saint-Nicaise, de Reims, pour ce qui en revenait à la Sainte-Chapelle, à 22,768 livres. Cette déclaration doit être écartée, parce qu'elle met au nombre des charges de l'église ce que les membres du collége de la Sainte-Chapelle percevaient soit pour assistance aux offices, soit pour distribution quotidienne.

Suivant un état ci-joint des revenus de la Sainte-Chapelle, formé tant sur les différents titres représentés que sur ladite déclaration du sieur Boitel et sur les comptes ci-devant rendus annuellement par les chanoines receveurs, les revenus particuliers de la Sainte-Chapelle s'élevaient, déduction faite du vingtième pour les réparations, etc., à la somme de 51,880 livres.

Suivant un autre état formé sur un extrait du registre, contenant les revenus et charges de la Sainte-Chapelle dépendant de la mense abbatiale de Saint-Nicaise, de Reims, les revenus nets de la Sainte-Chapelle montaient, de ce chef, à . . . 29,778[1]

Revenus de l'abbaye de Rheims, qui revenaient également à la Sainte-Chapelle, suivant un autre état formé sur baux. 8,947
Prieuré de Rumigny. 2,719
Abbaye de Reims. 6,336
Prieuré de Notre-Dame de Château-Portien et autres chapelles. . . . 2,918
Prieuré de Fives. 5,702

Total. . . . 56,400[1]
Il faut déduire. 1,618

pour charges réelles des biens particuliers de la Sainte-Chapelle et pour frais particuliers du culte dont ladite église était chargée 54,782

Tous les autres frais du culte, fournitures, entretien et réparations, tant de l'église de la Sainte-Chapelle que de toutes les maisons canoniales et bénéficiales, étaient acquittés, pour le domaine, par la chambre des Comptes, qui percevait, à cet effet, une partie des revenus de l'abbaye de Saint-Nicaise, de Rheims, et les loyers des différentes maisons.

M. le premier président de la Cour de Paris, Séguier, décédé le 3 août 1848, a laissé, dans son testament, un témoignage de son culte respectueux pour la Sainte-Chapelle, en affectant une rente perpétuelle pour la fondation d'une messe, *dite de justice,* devant y être célébrée, chaque matin, avant l'heure des audiences, par un chanoine de l'église métropolitaine, au choix de ses représentants. *(Codicilles des 21 septembre 1844, 29 septembre 1848.)*

— Le savant abbé Lequeux, décédé à Paris, chanoine de Notre-Dame, avait poursuivi de ses vœux le même rétablissement d'une messe quotidienne à la Sainte-Chapelle (1).

(1) *Notice sur la Sainte-Chapelle après le 18 brumaire,* par M. l'abbé Chatenay (1844); — *Essai sur l'Art chrétien,* par l'abbé Sagette; — Lasteyrie. *Histoire de la peinture sur verre;* — *Lithographie de la Sainte-Chapelle,* faite en 1849, par Benoist et Bayol.

— Le 3 novembre 1849, lors de l'installation de la magistrature par le Président de la République, le culte catholique étala de nouveau ses splendeurs dans cette Sainte-Chapelle que, vers 1800, MM. les abbés Borderies et de Lalande avaient desservie, pendant que le clergé constitutionnel occupait les principales églises de Paris. — « Ce fut, dit Monseigneur Sibour, archevêque « de Paris, une grande pensée que d'amener aux « pieds de Celui qui juge les justices même, la ma- « gistrature du pays, au moment où elle va rece- « voir une institution nouvelle et, en même temps, « une belle inspiration d'avoir voulu marquer cette « grande solennité par l'inauguration de cette au- « guste Chapelle, demeurée si longtemps fermée, « où domine, avec d'autres glorieux souvenirs, ce- « lui du grand Prince qui fut à la fois législateur « et magistrat et pour lequel l'amour du peuple « ne trouva pas de plus beau titre que celui de : « *Roi justicier.* » Depuis cette époque jusqu'aujourd'hui, la messe du Saint-Esprit fut célébrée très-régulièrement avant l'audience solennelle de rentrée ; elle fut supprimée, sans bruit, le 3 novembre 1870, sous prétexte de siége, apparemment, chaque chambre de la Cour reprit ses travaux ; mais les avocats, plus fermes et plus fidèles à leurs traditions, vinrent, conduits par leur éminent bâtonnier, M⁶ Rousse, renouveler leur serment (1).

(1) Devant la première chambre se présentèrent, le 8 novembre 1870, MM⁶ˢ Rousse, Dufaure, Plocque, Bétolaud, Colmet d'Aage, Victor Lefranc, Cresson, Leberquier, et, sur les réquisitions de M. l'Avocat général, renouvelèrent leur serment professionnel.

CHAPITRE IX.

RELIQUES DE LA SAINTE-CHAPELLE.

En 1312, Philippe IV, dit le Bel, fit transporter en grande pompe à la Sainte-Chapelle le chef de M. saint Louis (1), précieuse relique, pour laquelle l'orfèvre Guillaume Juliani avait exécuté un splendide reliquaire en argent doré repoussé, bien dû au fondateur de notre église.

De même, nous voyons que les reliques de saint Germain (2) l'Ecossais (à l'exception du crâne, conservé à Saint-Remi de Reims, et d'un doigt des mains, vénéré en la cathédrale d'Amiens) étaient

---

(1) Voir *Les historiens de Paris* (quatorzième et quinzième siècles), par Leroux de Lincy et Tisserand ; 1867.

(2) Gomart. — *Histoire de Ribemont,* p. 25 ; Saint-Quentin ; 1869. — Doloy, éditeur.

conservées au château de Ribemont, dans une châsse d'argent doré, richement ciselée et ornée des statues des douze Apôtres relevées en bosse, placées sous des portiques plein-cintre.

— Lettres de Guillaume connestable mareschal et autres officiers de l'empire de Constantinople par lesquelles ils baillent en gage la sainte Couronne d'épines à Nicolas Luirnio pour certaines sommes d'argent qu'il leur avait prestées, et est fait mention esdictes lettres d'Albertin Morocennes, de Nicolas Cornario et de Pierre Lanné, en l'an 1238, au mois de septembre. (*Scellée.*)

— Lettres de Guillaume connestable et autres conseillers et barons de l'Empire de Constantinople audit Nicolas Luirnio, par lesquelles ils luy mandent qu'il veuille rendre ladite Couronne à ceux qui lui estoient envoyez de leur part, lesquels leur doivent rendre la somme pour laquelle elle estoit engagée à Constantinople, en l'an 1238, en décembre. (*Scellée.*)

— Indulgences des archevesques de Bourges, Sens, Rouen, Tours, Tholose et Rheims, et des évesques de Laon, Soissons, Amiens, Senlis, Langres, Chartres, Orléans, Meaux, Bayeux, Evreux et Avranches, à ceux qui visiteront annuellement la sainte Couronne et de la sainte Croix et ce, avec l'authorité et consentement du légat du Saint-Siége apostolique (en l'année 1228, en avril).

— Indulgence de l'evesque de Tusculane, légat du Saint-Siége, à ceux qui visiteront la Saincte-Chappelle du Palais, le jour de la Dédicace et huit jours après. (L'an 1248, le seiziesme des calandes de juin.)

— Indulgence du pape Innocent à ceux qui visiteront l'église cy-devant le jour de la Dedicace. A Lion, le huictiesme jour des ides de novembre, le quatriesme an de son pontificat.

[3 mai 1321-1322. — Parlement de la saint Martin d'hiver. — Charles le Bel.]

— Arrêt du Parlement, déclarant que le trésorier de la Sainte-Chapelle reconnaît avoir reçu des reliques de saint Louis, trouvées au château de Quatremares, après le décès de Pierre de Chambly, desquelles reliques le Parlement avait ordonné le dépôt à la Sainte-Chapelle.

Karolus, D. G. F. R.

« Universis præsentes litteras inspecturis salutem. — Notum facimus quod dilectus et fidelis noster thesaurarius Capelle nostre Parisiensis confessus fuit se habuisse et recepisse de mandato curie nostre, reliquias et joialia, in quodam inventario cujus tenor inferiùs continetur expressa, à Johanne de Roncerolis, Geolario Pontis Arche, et à Johanne de Yvriaco, deputatis per Ballivum Rothomagensem ad defferendum et custodiendum joialia et reliquias suprà dictas. Tenor verò dicti inventarii talis est : »

L'inventaire des joyaux trovés à Quatre-Mares, par Pierre de Hangest, bailli de Rouen :

Premièrement un sercle d'or à saffirs et à rubis et à quatre pelles blanches, entre deus;

— *Item,* une jointe de sainct Loys, en cristal, enserrée en or et en argent;

— *Item,* des cheveux sainct Loys, en or et en argent, enchâssés et en cristal;

— *Item,* un ymage de sainct Loys, d'argent doré, où il a une coronne à pelles sur le chief, qui est remuable;

— *Item,* deux angelos d'argent doré;

— *Item,* deux chevaliers d'argent doré, à genoys, dont l'un est armé des armes messire Pierre le chambellain et l'autre chevalier, des armes messire Pierre de Chambly;

— *Item,* un siége d'argent doré, sur quoy les angelos sient, qui doivent tenir les reliques;

— *Item,* un tablier d'argent doré dedans, qui clot, où il y a plusieurs sainctuaires;

— *Item,* un berceul de cristal, à quatre piez d'argent, où il a des cheveux sainct Loys.

— *Item,* un petit ymage d'argent doré de sainct Loys, assis en une chayère, où il a pelles et i faut un bras ;

—· *Item,* une croys d'argent doré, à un pié d'argent doré ;

— *Item,* une teste avec les espaules de sainct Loys, d'argent, à une coronne, qui a, en cristal, en sa poitrine, des cheveux de sainct Loys ;

— *Item,* un escrin, couvert de soye, qui estoit sellé dou seel à la comtesse de Sanceurre et est renclos dou seel au Bailli et fut ouvert pour veoir se l'on troveroit la Coronne, où l'une des espines de la Coronne de Nostre Seigneur est, et n'i fut pas trouvée.

— *Item,* un estui d'argent, à plusieurs pierres petites pour metre sainctuaires ;

— *Item,* les paremens d'un autel et tous les aournemens de touailles et les vestemens d'un prestre, d'un diacre et d'un sous-diacre, tous armez des armes de Chambly, et un calice, avec la platayne, et un corporauz, en une custode de soye. — *(Datum Parisiis die III Maii.)* (1)

---

(1) *Actes du Parlement de Paris aux archives de l'Empire,* publiés par le savant Edg. Boutaric, 1862 ; Henri Plon, éditeur.

— Inventaire des reliques, joyaux, livres, ornemens, vestemens, et autres choses appartenans à l'usage de ladite Sainte-Chapelle du Palais. — *(En l'an 1336, au mois d'août.)*

— 21 juin 1343. — Philippe de Valois (1) à Ay-sur-Loire, donne un mandement adressé à la chambre des Comptes, à l'effet de biffer, sur l'inventaire des reliques de la Sainte-Chapelle, un joyau appelé le *Camahieu*, qui a été porté au Pape, de la part du Roi, par Simon de Braelle, chapelain du Roi, aumônier de la Reine, trésorier de la Sainte-Chapelle, et de tenir compte audit Simon des dépenses qu'il a faites pour son voyage. *Signé* : Par le Roi, Verberie, *et scellé sur queue de parchemin, du sceau du secret, en cire rouge.*

[Janvier 1372. — A Paris.]

— Charles V, roi de France, délivre à Paris (2), à son frère Jean, duc de Berri, des lettres authentiques *(litteras certificatorias)*, attestant qu'il lui a fait présent d'un morceau de la vraie croix, conservée à la Sainte-Chapelle du Palais, pour le garder ou le donner, selon que

---

(1) Archives nationales, l, 155, 15 ; — *Trésor des Chartes.* Inventaire des sceaux.
(2) Archives nationales, I, 185, n° 6. — *Trésor des chartes.*

ledit duc le jugera le plus à propos pour la glorification de la foi catholique. Le roi annonce qu'après avoir pris la précieuse relique confiée à la garde des rois de France (1), il en a coupé ce morceau de ses propres mains *(nostris propriis manibus abscidimus)*, et que son frère l'a reçu, avec humilité et dévotion, en rendant grâces à Dieu. — *Quam germanus noster gratias agens, fusisque Deo laudibus, vicibus multipliciter repetitis, suscepit humiliter et devotè.*

Anno regni nostri octavo.

Per Regem : Graffart.

— En 1415, promesse du Chapitre de Saint-Jean, de Lyon, de dire une messe pour Jean, duc de Berry, qui leur avait donné un joyau, où estoit la mâchoire de saint Jean-Baptiste.

— On citait, avec une profonde admiration, les

(1) Les premiers présidents du Parlement de Paris partageaient, avec les rois de France, le précieux privilége de recevoir, lorsqu'ils étaient en danger de mort, les reliques de la vraie croix, contenues en la Sainte-Chapelle du Palais, à Paris. C'est ce qui fut fait, — ainsi qu'à Louis XI, — aux premiers présidents Nicolas de Verdun (1627), Pomponne de Bellièvre (1657), Guillaume de Lamoignon (1677). — *La Sainte-Chapelle,* par M. Roche; Paris, 1854. — *Le Parlement de Paris,* p. 192; Cosse, éditeur; 1860.

RELIQUES DE LA SAINTE-CHAPELLE. 133

joyaulx d'or et d'argent — tant aornez de pierreries comme autrement (1).

— Ce sont les paremens, vestemens et autres aornemens de la Sainte-Chapelle royale, à Paris, tant de drap d'or comme autres, premièrement.....

— Ci après s'ensuivent les livres de nouvel acquis : premièrement, un *Evangelier* et un *Epistolier* de grant volume.

— 1384. — Le pape Clément (2) accorde à ceux qui visitent la Sainte-Chapelle de Paris, à certains jours, les mêmes indulgences qu'on gagne en visitant l'église stationale Saint-Jean de Latran, la veille et le jour de sa feste.

— Dans un compte de voyage : 200 livres (2) comptées à Jacques Juvenel des Ursins, pour être venu de Rheims à Paris, pour illec montrer les Reliques de la Sainte-Chapelle du Palais aux ambassadeurs d'Ecosse (1450).

— *Le 3 février 1482*, portent les registres du Parlement de Paris, *les Reliques de la Sainte-Chapelle*

---

(1) Bibl. nationale. — (Manuscrits.) — Collection Gaignières.— Saintes-Chapelles. — Latin (17-108).
(2) *Idem.*

furent monstrées à l'Ambassadeur de Poloigne, devant le Président de la Cour.

De nos jours, la Sainte-Chapelle, magnifiquement restaurée par les soins du gouvernement, voit, chaque année, célébrer la messe du Saint-Esprit pour la rentrée des cours et tribunaux de Paris (3 novembre) (1).

— 1 juin 1493. — Certificat constatant (2) que les Reliques de la Sainte-Chapelle, à Paris, furent monstrées aux ambassadeurs de l'Empereur et du Roy des Romains, par ordre du Roy, qui envoya les clefs.

— A Troyes (Aube), dans l'église de Sainte-Madeleine, on lit, sur un des vitraux de la chapelle Saint-Louis, derrière le chœur, ce verset :

> Le bon Roy du don l'Empereur
> Et comme de nostre sieur
> Meict l'espunge, croix, fer de lance
> A la Saincte-Chapelle de France.

---

(1) *Le Parlement de Paris*, par C. Desmaze; Cosse, éditeur à Paris, 1860. — Voir le discours de rentrée prononcé à la cour de Cassation, en 1857, par M. le premier avocat général de Marnas.

(2) Bibliothèque nationale. Département des manuscrits (Fonds latin — 17108). — Collection Gaignières.

— Les règlements du roi Jean (5 mars 1363) et de François Ier (janvier 1539) (1) portent que : pour veiller à la garde des reliques de la Sainte-Chapelle, à la sûreté des prisons de la Conciergerie et à celle des habitants de l'enclos du Palais, il y aura, pendant toutes les nuits, un corps de garde assis dans la cour et que les gens du guet royal y feront leurs rondes aux lieux et heures, qui leur seront prescrits. *(Arrêt du 19 février 1691.)*

Le prédicateur Menot (seizième siècle), dans une de ses véhémentes et brutales harangues adressées au populaire de Paris, s'écriait :

Messieurs du Parlement ont la plus belle rosace de France; mais cette rose a été teinte du sang des pauvres, criant et pleurant après eux !

— L'inventaire de 1573 donne l'énumération des sainctes Reliques, qui sont en la grant châsse (2) au-dessus du grant autel : la saincte Couronne, la saincte

(1) Bibliothèque nationale. Département des manuscrits. — Collection Delamare (Fr. 21594).

(2) Voir le *Compte des ducs de Bourgogne*, par M. de La Borde et l'*Essai des merveilles de nature et des plus nobles artifices*, par René-François-Etienne Binet, jésuite, prédicateur du Roi. Rouen, 1621, et Paris, 1648. — Ces ouvrages démontrent que l'orfévrerie a été, au moyen âge, portée à une perfection qui

Croix double, la robbe de pourpre, la croix de victoire, les drappeaux d'enfance, le chef sainct Jehan, le sceptre, le sainct linceulx, de *Sindone Domini,* l'esponge, du Sang miraculeux, de *lacte Virginis,* de *sanguine Christi,* le carquan, *peplum Virginis,* la verge de Moyse, le fer de la lance, la pierre du Sépulchre, la Véronique.

A la suite de cette liste, se trouve la déclaracion des croix, reliques, joyaux, vaisseaux, tant d'or que d'argent, estans ès grandes armoires séans au trésor d'en hault de ladicte Saincte-Chapelle, que l'on appelle le Revestiaire et de la pierrerie en iceulx.

— Déclaracion au chef Monsieur Sainct-Louis en la chapse, séant sur l'entablement du grant autel, garni de sa coronne et enrichy comme il ensuyt. Le vaste reliquaire (1) étoit soutenu par quatre grans angelz d'argent doré, desquels l'un porte, en sa main, un grand baston d'argent doré, au bout d'en haut duquel y a ung sceptre et l'autre desdits angelz, qui est en la partie de devant de l'autre costé, tient un petit tuyau d'argent doré à main senestre. Icelluy chef assis sur un grand entablement, soubzbassement ou entrepied

n'a été dépassée ni au quatorzième ni au quinzième siècles.

(1) *Paris et ses historiens* (quatorzième siècle), p. 47. — Imprimerie nationale. — On y trouvera une reproduction de ce magnifique reliquaire établi d'après Ducange et Viollet Le Duc.

porté par quatre lionceaulx, à doubles piliers, par les encognures et dix pilliers d'areste par voye.

— Plus cinq lampes, lesquelles pendent au milieu de la nef et contre le pied du griffon (1).

— Le 25 février 1791, le roi Louis XVI, informé que le Comité d'aliénation de l'Assemblée nationale désirait qu'il fût incessamment procédé à l'inventaire et à la vente des biens de la ci-devant Sainte-Chapelle, ordonna au sieur Gilbert de la Chapelle, de réclamer, en son nom, les reliques, une agathe et autres pierres précieuses, et quelques beaux livres de prières manuscrits, venant de dons particuliers de ses pères : il veut que, jusqu'à nouvel ordre, les reliques et leurs reliquaires soient transportés à Saint-Denis, les pierres précieuses à son cabinet de médailles, et les manuscrits à la Bibliothèque du roi.

Procès-verbal de remise.

Ont été remis au sieur de Gilbert de la Chapelle, les objets suivants :

Dans le grand trésor, renfermé dans une châsse placée au dessus de l'autel : 1° la Couronne d'Epines de

---

(1) Archives nationales. — (Inventaire du Trésor; carton S. n° 948.)

Jésus-Christ; 2° une grande partie du bois de la Croix; 3° un morceau de fer de la lance; 4° du manteau de pourpre; 5° du roseau; 6° de l'éponge; 7° les menottes; 8° la Croix de victoire; 9° du sang de Notre-Seigneur; 10° du sang miraculeux sorti d'une ymage de Notre-Seigneur, frappée par un infidèle (1); 11° des drapeaux de son enfance; 12° du linge dont il se servait au lavement des pieds; 13° du lait de la Vierge; 14° de ses cheveux; 15° de son voile; 16° le haut du chef de Jean-Baptiste; 17° du saint suaire; 18° une sainte face; 19° un morceau de la pierre du sépulcre; 20° de la verge de Moyse.

Et dans la grande sacristie :

1° Une croix d'argent dorée, chargée de pierreries et d'émaux, au milieu de laquelle est enchâssé du bois de la vraie Croix;

2° Un reliquaire représentant le chef de saint Louis;

3° Un reliquaire d'argent doré, représentant la tête de sainte Ursule;

4° Une châsse d'argent doré, contenant le chef de saint Clément;

5° Un étui garni d'argent doré, ayant servi à rapporter la vraie Croix;

(1) *Chronique* de Gautier Cornu, archevêque de Sens, *sur la susception de la couronne d'Epines;* — *Le miracle de l'hostie profanée par un Juif en 1290* (XXII° volume des *Historiens de France).*

6° Un reliquaire contenant le bras de saint Léger ;

7° Un os du bras de saint Georges ;

8° La tunique de saint Louis et un voile qui enveloppait la vraie Croix ;

9° Un petit reliquaire d'argent doré, garni d'un cristal, dans lequel il y a de l'huile de saint André ;

10° Un reliquaire d'argent doré, dans lequel est une côte de saint Silvestre ;

11° Une figure de saint Eutrope, contenant des reliques de ce saint ;

12° Un reliquaire d'argent doré, contenant le menton de sainte Ursule ;

13° Un morceau du manteau de saint François ;

14° Une figure d'argent doré, représentant saint Louis et contenant des reliques ;

15° Un reliquaire contenant un morceau de la tasse de saint Mathieu ;

16° Deux coffrets de bois d'ébeine, contenant des reliques, notamment celles de saint Philippe ;

17° Un coffret contenant les côtes de saint Spire ;

18° Un coffret contenant des os de saint Martin ;

19° Un coffret contenant des os de saint Pierre et saint Dominique ;

20° Une figure de la Vierge tenant à la main un saphir contenant de ses cheveux ;

21° Une figure de saint Siméon tenant un reliquaire ;

22° Une figure représentant un ange portant un morceau du chef de saint Jean-Baptiste ;

23º Une figure de saint Louis tenant un morceau de l'épaule de ce saint;

24º Un reliquaire de sainte Barbe;

25º Un reliquaire de saint Magloire;

26º Une table d'argent doré contenant de la vraie Croix et autres reliques;

27º Un reliquaire contenant un pied des Innocents;

28º Un reliquaire de saint Alican;

29º Trois reliquaires de saint Jacques-le-Mineur;

30º Un *idem* des saints Maximin, Julien, Lucien;

31º Une croix d'or, dite la Croix de Bourbon, dans laquelle est du bois de la vraie Croix;

32º Une *idem* dite de la Croix de Bavière;

33º Un reliquaire contenant une côte de sainte Elisabeth de Hongrie et une côte de saint Nicaise;

34º Un reliquaire renfermant un peu du manteau de N.-S. et du saint Suaire;

35º Un coffret de bois contenant différentes reliques;

36º Un manuscrit en velin contenant le texte des Evangiles avec vignettes;

37º Un livre d'Evangiles enrichi de pierres précieuses (1);

38º Un *idem* donné par Charles V;

---

(1) Le dépôt de toutes les pierreries de la Sainte-Chapelle fut effectué à la Bibliothèque royale de Paris, par ordre du roi Louis XVI.

RELIQUES DE LA SAINTE-CHAPELLE.

39° Un *idem* contenant plusieurs textes des Evangiles;

40° Missel manuscrit avec vignettes et miniatures;

41° Un grand camée représentant l'apothéose d'Auguste, donné par Charles V;

42° Une patène d'or avec Christ d'agathe au milieu;

43° Deux calices d'or ornés d'émaux et semés de fleurs de lys;

44° Deux burettes de cristal de roche;

45° Un grand soleil d'argent, au bas duquel est une figure représentant saint Louis expirant dans les bras de la Religion, les attributs de la royauté au bas de l'autel;

46° Une croix, six chandeliers et une lampe d'argent semée de fleurs de lys;

47° Deux burettes et leur plateau d'argent;

48° Un ciboire d'argent doré avec son ostensoire d'argent;

49° Deux livres d'Epîtres et d'Evangiles manuscrits, à plaques, agraffes et coins d'argent;

50° Un buste de Néron en agathe, surmontant le bâton du chantre;

51° Le sceau de la Sainte-Chapelle en argent;

52° Un anneau pontifical orné de pierres;

Plus, un tableau, placé dans l'oratoire de saint Louis, représentant ce saint Roi, prosterné devant les reliques du grand Trésor *(Suivent les signatures).*

CHAPITRE X.

LE CAMÉE DE LA SAINTE-CHAPELLE OU APOTHÉOSE D'AUGUSTE.

CE fut Nicolas-Claude-Fabri Peiresc, conseiller au Parlement d'Aix (1607-1637), qui, le premier, signala au monde savant un de nos plus beaux antiques (1), le *grand Camée de la Sainte-Chapelle*, qui représentait *l'apothéose d'Auguste*. Ce précieux monument de l'art païen, conservé d'abord dans le trésor des Empereurs, transformé plus tard par l'ignorance ou par

(1) *Monuments consacrés à la mémoire de Peiresc.* — Aix, Henricy; an XII — *Vie de Peiresc*, par Réquier. — *Correspondance imprimée*, par Faucis de Saint-Vincent. — *Vie de Peiresc*, par M. de Séramon. — *Peiresc*, par M. l'avocat général Boissard; Aix, 1867.

un pieux mensonge en une relique chrétienne, que le roi saint Louis avait achetée, à grand prix, sous le nom de *triomphe de Joseph,* était donné à baiser au peuple des fidèles les jours de grande fête.

Le camée de la Sainte-Chapelle, de nos jours conservé à la Bibliothèque nationale (n° 188), se divise en trois parties distinctes :

1° *Partie supérieure : Apothéose d'Auguste.* — Auguste, couronné de lauriers, dans le costume des héros, monté sur Pégase, que l'Amour dirige par la bride, s'élance dans les cieux, où il est reçu par un des ancêtres de la famille Julia, Enée ou son fils Jule, qui lui présente le globe, emblème d'une souveraine puissance. Au-dessus d'Enée, vêtu du costume phrygien, est assis Jules César, la tête ceinte d'une couronne radiée, voilé comme Souverain Pontife et le sceptre à la main. A gauche, près de César, Drusus l'Ancien, couronné de lauriers, vêtu du *paludamentum,* s'avance vers Auguste, le bouclier au bras. Drusus et Enée paraissent voler dans les airs ;

2° *Partie du milieu : La famille des Césars, l'an de J.-C. 19.* — Tibère, couronné de lauriers, nu jusqu'à la ceinture, est assis sur un trône, muni d'un *scabellum ;* l'Empereur tient de la main droite le sceptre et de la main gauche le *lituus,* marque du souverain pontificat. Sur le même trône est Livie, couronnée d'épis; tenant de la main droite un bouquet de pavots et d'épis; sa main pend sur le dossier du trône. Derrière Livie, son fils, Drusus le Jeune, portant un trophée de la main droite; sa femme, Livilla, est assise sur un siége orné de figures de sphinx. Près de Tibère, devant son trône, Antonia, debout, tournée vers Germanicus son fils, qui se présente à l'Empereur, son oncle et son père adoptif. Germanicus est revêtu du *paludamentum*; il a le bouclier au bras gauche, et, de la main droite, il saisit l'aigrette de son casque, sur lequel sa mère porte la main. Derrière Germanicus, à sa droite, est Agrippine l'Ancienne, sa noble épouse, assise sur un monceau d'armes et tenant un rouleau; devant elle, son fils Caïus, la tête nue, revêtu de l'habit militaire, portant un bouclier et chaussé de *caligæ*, d'où son surnom de *Caligula*. Au pied du trône de Tibère et de Livie, la figure allégorique de l'Arménie; revêtue du costume oriental, la tête dans l'attitude du désespoir;

3º *Partie inférieure.* — Captifs germains et orientaux, guerriers, vieillards, femmes tenant leurs enfants et pleurant. Ces scènes rappellent les victoires de Germanicus et de Drusus le Jeune. *(Sardonyæ de 5, c. H, — 30, c. L.)*

Ce camée, célèbre par toute l'Europe sous le nom de *Grand Camée de France,* dépasse de beaucoup, par sa dimension, celle des plus grandes pierres dures connues. Il était désigné, dans les inventaires de la Sainte-Chapelle de Paris, sous le nom de *Grand Camahieu, agate de Tibère,* et forme un véritable tableau historique, sur pierre précieuse; les cassures qu'on y remarque existaient déjà au quinzième siècle, car un inventaire de la Sainte-Chapelle de 1480 les mentionne (1).

Pendant tout le moyen âge, le camée de la Sainte-Chapelle fut considéré comme une relique et on lui donna le nom de *Triomphe de Joseph en Egypte.* C'est Peiresc qui lui restitua le premier, en 1619, son nom véritable. Le grand Camahieu est mentionné en ces termes, dans l'inventaire de la Sainte-Chapelle de 1341 : « *Item unum pulcherrimum Camaïeu, in cujus circuitu sunt plures reliquiæ.* »

---

(1) Voir surtout, pour la représentation de ce camée : *les Commentaires historiques* de Tristan de Saint-Amant, t. I, p. 100. — *Thesaurus antiq. Rom.* de Grœvius, t. XI, p. 1336. — Montfaucon, *Antiquité expliquée,* t. V, p. 127. — *La Sainte-Chapelle,* de Morand, p. 59. — *Galerie mythologique* de Millin, pl. CLXXXIX, n° 677. — *Iconographie romaine* de Monges, pl. XXVI. — *Notice* de Marion du Mersan, édition de 1835.

Louis IX déposa ce précieux joyau dans le Trésor de la Sainte-Chapelle; le saint roi l'avait acquis de l'empereur Baudoin II, avec les riches reliquaires de la Chapelle impériale de Constantinople. En 1343, Philippe VI envoya le grand Camahieu au Pape (1), qui avait témoigné le désir de le voir, ainsi que d'autres reliques de la Sainte-Chapelle; mais, en 1369, Charles V le réintégra dans le Trésor de la Sainte-Chapelle, ainsi qu'il résulte de l'inscription suivante : « *Ce Camaïeu bailla à la Sainte-Chapelle du Palais Charles cinquième de ce nom, qui fut fils du roi Jean, l'an MCCCLXIX.* »

Le grand camée était revêtu d'une monture bysantine qui, malheureusement, fut fondue à l'époque du vol de 1804. Tristan de Saint-Amant *(Comment. historiques)* en parle dans ces termes : *Car les quatre Evangélistes sont représentés de part et d'autre du châssis ou tableau d'or, dans lequel cette pierre est enchâssée.*

Il existe un grand nombre de planches représentant le grand camée (2); la plus célèbre est celle qui

---

(1) Inventaire des reliques et autres objets appartenant à la Sainte-Chapelle du Palais : — un joyau, appelé le Camahieu, envoyé à Notre Saint-Père le Pape (juin 1343).

(2) *Revue archéologique*, t. V. — Voir un savant article de M. Douët d'Arcq.

a été gravée d'après les dessins de Rubens et qu'on trouve dans le recueil de Jacques Le Roy, intitulé : *Achates Tiberianus,* et dans lequel on lit une dissertation latine d'Albert Rubens, fils du grand peintre.

La Bibliothèque nationale possède aussi, parmi les intailles antiques, un Caracalla ou Constantin, de profil, la tête nue avec le *paludamentum*. On y a ajouté une croix sur l'épaule et l'inscription grecque : Ο ΠΕΤΡΟΣ *(Améthyste,* n° 2,101; H, 40,000; L, 29,000). Monture argent doré (1).

Ce précieux monument a été conservé à la Chapelle du Palais jusqu'à la Révolution; il ornait l'extrémité du bâton de chœur du chantre, l'un des principaux dignitaires de ce célèbre Chapitre. On conserve, au Cabinet des médailles, la partie du bâton cantoral, sur laquelle reposait le buste; c'est un splendide spécimen de l'orfévrerie du quinzième siècle; la draperie de vermeil, les bras d'argent, adaptés au buste, remontent également à cette époque. La main droite porte la couronne d'épines de N.-S.; la gauche tenait une croix grecque de vermeil, sans doute pour rappeler saint Louis. Ce

---

(1) *Catalogue des camées de la Bibliothèque impériale,* par l'érudit M. Chabouillet, conservateur.

bâton était ainsi porté par le chantre, les jours de grande fête; le travail du buste convient parfaitement au quatrième siècle de notre ère.

La piété naïve du moyen âge voyait partout les personnages de l'Ancien Testament ou ceux de l'Evangile. Les traits de Caracalla ne sont pas d'ailleurs ici sans une certaine analogie avec ceux de saint Pierre. Ce joyau décorait la reliure d'un *Evangéliaire* manuscrit, conservé à la Sainte-Chapelle du Palais, à Paris, et qui fait maintenant partie du département des manuscrits de la Bibliothèque nationale (n° 663; *Supplément latin)*. La reliure, en vermeil, représente, sur le recto, le Christ en croix, entre la sainte Vierge et saint Jean; notre améthyste était placée au pied de la croix. Il y a, au Louvre, venant de la Sainte-Chapelle de Paris, deux magnifiques émaux de Limoges, représentant des scènes de la Passion (1), avec les portraits de François Ier, de Henri II et des deux reines Claude et Catherine. Ces admirables émaux sont expo-

---

(1) *Catalogue des émaux du Louvre* (n°s 190, 212, 213, 235). — Renseignement dû à l'obligeance de M. le Conservateur F. Reiset. — Ces émaux ornaient les rétables de deux autels latéraux de la Sainte-Chapelle, dont le maître-autel isolé était placé dans un carrefour formé de quatre colonnes de marbre noir de Dinan, surmontées d'anges adorateurs en bronze.

sés dans la galerie d'Apollon. On trouve, en outre, dans l'*Inventaire Lenoir,* mentionné, comme venant de la Sainte-Chapelle haute, un *Calvaire sur fond d'or.* Le sceau de la Sainte-Chapelle portait : *Sigillum sacrosanctæ Capellæ illustrissimi principis Regis Franciæ Parisiis.*

— Le contre-sceau représentait un portail flanqué de deux pinacles, dont le fronton est surmonté d'un troisième terminé par une croix grecque. La légende, semée de France, portait l'inscription suivante : *Contrà sigillum Sanctæ Capellæ Parisiis illustrissimi principis Regis Franciæ.*

CHAPITRE XI.

LE TRÉSOR DES CHARTES A LA SAINTE-CHAPELLE.

Es chartes et les registres de nos rois ayant été enlevés à Philippe-Auguste par les troupes de Richard-Cœur-de-Lion, à la journée de Fréteval, on décida que les titres, au lieu de voyager avec le souverain, fussent déposés en lieu sûr. Le soin de recomposer le trésor perdu fut confié à Gautier de Nemours, chambellan du Roi, et à Garin, qui devint plus tard évêque de Senlis, puis garde des Sceaux et chancelier de France (1). Saint Louis fit déposer, dans la Sainte-Chapelle du

---

(1) Dupuy, — *Traitez touchant les droits du Roi* (1663). — Voir aussi : Sauval, — *Antiquitéz de Paris* ; — Dessales, — *Trésor des Chartes, sa création, ses gardes*, dans les *Mémoires de l'Académie des Inscriptions* (1844) ; — Bonamy, — *Mémoires de l'Académie des Inscriptions* (t. XXX, p. 697) ; — Bordier, — *Archives de la France* ; Dumoulin, éditeur.

Palais, ces précieuses archives, contenant la série des actes politiques et domaniaux du Royaume.

— En 1264, sur l'ordre du roi saint Louis, fut exécutée une continuation du recueil de Garin *(Registrum vetus)*. A l'année 1286, il faut rapporter l'ouvrage de Jean de Calais, dont le répertoire seul nous est parvenu *(Registre J,* iii*)*; le texte avait déjà disparu en 1318. Sous Philippe V, se termina, en 1318, le classement du Trésor des Chartes. (Archives nationales, J, 1^1 ; J, 1^2 ; J, ii). — (Bibliothèque nationale, Mss. supp. latin.)

— Vient ensuite Gérard de Montaigu, dont les inventaires sont très-remarquables (Bibl. nat., suppl. latin, manuscrit 1090); il était entré au Trésor des Chartes, comme simple clerc, en 1364, et avait conquis la faveur du roi Charles V, en lui offrant, à son couronnement (19 mai 1364), la copie, exécutée de sa main, d'une charte datée de Tunis (1269) et adressée, par saint Louis, à son successeur. Gérard de Montaigu mourut en 1391.

— Le registre premier du Trésor des Chartes était connu sous le nom d'*Inventaire de Pierre d'Estampes.*

Cet inventaire que fit, est-il dit (1), Pierre d'Es-

---

(1) Bachelin-Deflorenne, libraire à Paris ; n° 4019 de son *Catalogue* de 1869.

tampes, par ordre de Philippe, roi de France, en 1318, des registres originaux qui se trouvaient alors dans la chambre haute de la Sainte-Chapelle de Paris, est divisé en seize parties, c'est-à-dire en autant de parties qu'il y avait de volumes à inventorier.

— Par lettres du 3 mars 1482, Louis XI ordonna un récolement et un nouvel inventaire de ces titres et chartes. Il nomma, en même temps, pour exécuter ce travail, qui fut commencé le 12 septembre suivant, trois officiers de la Chambre des Comptes, sous la direction des deux trésoriers des Chartes, Jean Budé et Jacques Louvet (Archives nationales. — *Lettres de Louis XI*. — Bibl. nationale, 6765, manuscrits français). Toutefois, dès le 12 juin 1539, François Ier devait renouveler les injonctions de son prédécesseur.

Parceque nous avons entendu de l'estat des titres de notre Trésor et des inventaires d'iceulx et qu'il nous a été rapporté, quand il a été question d'y trouver aulcuns titres concernant nos affaires d'Estat et d'importance, qu'il y a beaucoup de choses non inventoriées et les choses inventoriées tant meslées les unes avec les aultres et les anciens inventaires tant effacés et deffectueux en substance, qu'il est impossible trouver ne soy ayder desdits titres, à moing que avant qu'on les puisse recouvrer les affaires, pour lesquelles on les demande et ausquelles ils pourroyent servir sont widez et terminez.

Le Roi nomma alors quatre commissaires qui, en présence du garde des chartes et avec lui, sont chargés de classer les documents, de dresser les inventaires. Jean-Jacques de Mesmes fut le dernier garde des chartes (Octobre 1581. — Janvier 1582). A cette dernière date, le Roi réunit la charge de garde (1) du Trésor des chartes à celle de procureur général près le Parlement. C'était consommer la ruine du dépôt, comme le fait judicieusement observer Dupuy (2) :

Cette union, dit cet auteur, avait quelqu'apparence de bien, mais elle n'a pas fait cesser le désordre, au contraire l'a augmenté, parce que le procureur général estant toujours occupé à l'exercice de sa charge, qui a un fort grand employ, ne pense que rarement à ce qui est du Trésor ni à la collection des titres (3) et

---

(1) *Les Archives de la France,* par Henri Bordier.
(2) *Traictez touchant les droits du Roy*, p. 1012.
(3) Bibl. nat. (Manuscrits) (9042). — *Inventaire du Trésor des Chartes en 1482,* par Louet (9043). — *Extrait du Registre du Trésor des Chartes* et du *Registrum tenue;* dix-huitième

traictez pour y être conservés, ce qui mérite une personne qui n'ait que cet employ. Ce qu'avoit bien jugé le Roy Charles V qui ne voulut pas qu'aucun maître des comptes eut cette charge avec la sienne. Et de vérité cette union n'a servi qu'à augmenter les gages du procureur général et ses droits.

En même temps, le Roi (Lettres du 30 avril 1583) ordonna, sans fruit, un inventaire de ses chartes, et le procureur général Mathieu Molé fit rendre, le 21 mai 1613, un arrêt par lequel deux savants, Pierre Dupuy et Théodore Godefroy, furent chargés de mettre de l'ordre dans le Trésor et d'en dresser un inventaire détaillé. Le 23 septembre 1628, le garde des sceaux Michel Marillac fit rendre au conseil d'Etat une ordonnance portant que : « les
« originaux des traitez et actes concernant l'Estat,
« les princes et les communautés seroient portés au
« Trésor des Chartes et adjoutez à l'inventaire d'i-
« celui. »

— En 1703, d'Aguesseau fit commencer, sur les registres, un travail qui fut continué par ses successeurs et qui dura jusqu'à la Révolution.

siècle (de 9819 à 9837). — *Inventaire du Trésor des Chartes*, Gérard de Montaigu (9834-9941). — *Inventaire du Trésor de la Sainte-Chapelle* (1480).

— Pendant la nuit du 10 au 11 juin 1776, le Trésor des Chartes courut les plus grands dangers durant l'incendie du Palais de justice; on parvint cependant à le préserver des flammes.

— Aux termes de l'arrêt du Conseil d'Etat du 28 janvier 1730 (art. VII), les archives (1) de la Sainte-Chapelle devaient être enfermées, ainsi qu'il est ordonné par les anciens règlements, sous deux serrures différentes :

... L'une des clefs restera entre les mains du trésorier et l'autre sera mise entre les mains d'un chanoine, qui sera nommé à la pluralité des voix, pour avoir la garde desdites archives. — Seront tenus lesdits trésorier et chanoines, commis à la garde des archives, de les ouvrir toutes les fois qu'ils en seront requis, en rapportant néanmoins par ceux qui le requéreront, une permission de l'assemblée dudit trésorier, chanoines et Collége, sans que les titres et papiers puissent, en aucun cas, sous quelque prétexte que ce soit, sortir desdites archives, sauf à les examiner et à en prendre des extraits, dans les archives mêmes, sans déplacer; ou à en faire faire, — si besoin est, des expéditions ou des co-

---

(1) Henri Bordier. *Les Archives de la France*; 1855. — Paris; Teulet. *Notice sur les layettes du Trésor*, travail inséré dans la *Bibliothèque de l'Ecole des Chartes*, t. IV; 1843. — Bibliothèque nationale (Collection Serilly).

pies certifiées par le trésorier et ledit chanoine, commis à la garde desdites archives ou collationnées par des notaires, aussi sans déplacer ; ce qui aura lieu pareillement en cas de compulsoire ou ordonnance de police.

Le chanoine chargé des archives en dressera inventaire.....

— L'Assemblée Constituante consacra un chapitre à ces archives, dans son Règlement du 29 juillet 1789 ; le premier article en est ainsi conçu : « *Il sera fait choix d'un lieu sûr, pour le dépôt de toutes les pièces originales, relatives aux opérations de l'Assemblée.* » L'archiviste, nommé au scrutin par 172 suffrages, fut Camus, avocat au Parlement et député de Paris. Ce savant rédigea, dès le mois d'août 1789, un plan d'organisation du dépôt qu'on lui confiait, et dont le décret du 19 mai 1790, suivi de la loi du 12 septembre 1790, arrêta les principales bases ; elles furent complétées, enfin, par le remarquable décret du 7 messidor an II (25 juin 1794), divisé en quarante-huit articles, et qui est la base du système des archives de la France.

Lorsque le Trésor des Chartes tomba aux mains de l'agence temporaire des titres, les personnes qui la composaient firent voir qu'elles en comprenaient toute la valeur. Les clefs de la partie de la Sainte-Chapelle dans laquelle se trouvait ce précieux dépôt leur furent remises au mois de prairial an V (mai-juin 1797). Mais les événements l'avaient alors plongée dans un désordre plus déplorable que jamais. En effet, le local était partagé en deux pièces; il y avait une pièce inférieure et une supérieure. — Entre les deux était, sur un escalier de communication, une croisée qui éclairait le haut des armoires de la salle basse, sur lesquelles était rangée la plus grande partie des registres du Trésor.

— Lors de l'établissement du Tribunal criminel créé par la loi du 17 août 1792, et qui devait tenir ses séances dans un auditoire voisin du Trésor, on eut un prompt besoin de la pièce qui en formait la partie supérieure. On aurait pu descendre les papiers qui étaient dans la salle haute, mais on les jeta, dans la salle inférieure, par la fenêtre de l'escalier de communication. Il en résulta que tous les registres qui étaient en face de cette fenêtre furent entraînés dans la salle inférieure. Cette salle présentait elle-même un désordre ancien. Son plancher était tellement encombré de sacs, de coffres, de boîtes, de registres, de papiers, qu'il « étoit impossible d'y mettre le pied. »

— Deux membres du bureau des Titres, de Villiers des Ferraye et Jouesne, aidés d'un des meilleurs employés du bureau, Pavillet, réussirent à faire transporter ce dépôt au Louvre et à y rétablir un ordre parfait. Il est enfin, aujourd'hui, distribué dans deux salles aux Archives nationales, et comprend les mille trente et un cartons formant la série J; les registres, reliés en maroquin rouge, par les soins de M. Letronne, sont placés dans un corps de bibliothèque formé des boiseries de l'hôtel Soubise (1).

(1) *Les Archives de la France,* par Henri Bordier, p. 144-178.

CHAPITRE XII.

INVENTAIRE DU TRÉSOR DES CHARTES DE LA SAINTE-CHAPELLE.

LA bibliothèque communale de la ville de Troyes (Aube) (1) contient deux précieux manuscrits, provenant des livres du président Bouhier; ils sont intitulés : *Inventaire du Trésor des Chartres de la Sainte-Chapelle de Paris par MM. Godefroy et du Puy, en l'an 1613, de toutes les Chartes du Roy.* — Le Ier volume porte la mention suivante :

(1) Nous devons cette communication à l'obligeante et empressée érudition de M. Jules Ferlet, juge au tribunal civil de Bar-sur-Seine, dont la modestie égale le savoir.

Inventaire des layettes, cosfres, sacs et registres, qui sont au Trésor des Chartres du Roy, à la Saincte-Chapelle.

ADVERTISSEMENT.

(Extrait des registres du Conseil d'Estat.)

Sur ce qui a esté remonstré au Roy en son conseil par son procureur général qu'il est nécessaire de dresser un inventaire extraict de tous les tistres et chartres qui sont au Trésor de sa Maiesté, afin de les pouvoir trouver avec facilité, lorsque les occasions s'offriront de s'en servir, à quoy il seroit à propos d'employer M. Théodore Godefroy et M. Pierre du Puy, advocats au Parlement, comme personnes fort propres pour y travailler, avec capacité et diligence, sa Maiesté en son conseil a ordonné que lesdits sieurs Godefroy et du Puy seront employez par son dit procureur général, pour procéder, sans discontinuation, à la perfection du dit inventaire et qu'il leur sera expédié à chacun une ordonnance de la somme de six cents livres à prendre sur les deniers revenant bons des gages de ladite cour de Parlement.

Fait au Conseil d'Estat du Roy, tenu à Paris, le XXIVme jour du mois de may, en l'année 1613. —

Signé : BAUDOUIN.

Les premières pages contiennent une table générale des matières qui font l'objet des deux volumes. On trouve ensuite diverses mentions concernant des échanges, ventes, dons, partages ou transactions entre les rois et les principaux seigneurs ou abbés du royaume, et enfin des chartes relatives à la fondation d'hôpitaux.

Aux pages 71, 72, 73, sous la rubrique : *La Saincte-Chapelle du Palais, à Paris*, nous relevons les chartes suivantes, qui se rattachent, directement ou indirectement, au sujet de notre livre :

I.

Lettres de Guillaume connestable mareschal et autres officiers de l'empire de Constantinople par lesquelles ils baillent en gage la sainte Couronne d'épines à Nicolas Luirnio, pour certaines sommes d'argent qu'il leur avoit prestées, et est fait mention esdites lettres d'Albertin Morocennes, de Nicolas Cornario et de Pierre Lanné, en l'an 1238, au mois de septembre. *(Scellée.)*

II.

Lettres de Guillaume connestable et autres conseillers et barons de l'Empire de Constantinople audit Nicolas Luirnio, par lesquelles ils luy mandent qu'il veuille rendre ladite Couronne à ceux qui lui estoient envoyez de leur part, lesquels leur doivent rendre la somme, pour laquelle elle estoit engagée, à Constantinople, en l'an 1238, en décembre. *(Scellée.)*

III.

Indulgences des archevesques de Bourges, Sens, Rouen, Tours, Tholose et Rheims, et des évesques de Laon, Soissons, Amiens, Senlis, Langres, Chartres, Orléans, Meaux, Bayeux, Evreux et Avranches à ceux qui visiteront annuellement la sainte Couronne et de la sainte Croix et ce, avec l'authorité et consentement du légat du Saint-Siége apostolique *(en l'année 1228, en avril)*.

IV.

Indulgence de l'évesque de Tusculane, légat du Saint-Siége, à ceux qui visiteront la Saincte-Chappelle du Palais, le jour de la dédicace et huit jours après. *(L'an 1248, le seiziesme des calandes de juin.)*

V.

Indulgence du pape Innocent à ceux qui visiteront l'église cy-devant le jour de la dédicace. — *A Lion, le huictiesme jour des ides de novembre, le quatriesme an de son pontificat.*

Pareilles indulgences par le pape Clément. *(A Pérouse, le 23 octobre, au premier an de son pontificat.)*

VI et VII *(sans intérêt)*.

VIII.

Bulle du pape Nicolas troisiesme, déclarant que les clercs exempts de ladite Chapelle, non suiets à autres qu'au pape, puissent estre promeus, en ladite Chappelle, à tous ordres. *(A Viterbes, èz ides de septembre, le premier an de son pontificat, l'an 1277.)*

IX.

Lettres du roy Louis Hutin, par lesquelles il donne aux chanoines de la Sainte-Chappelle de Paris, par an, 1° soixante et seize livres de rente, qu'il leur assigne sur les vicomtez de Caen et Bayeux et sur le bailliage de Sens et justice ; 2° un 13ᵉ chanoine, outre les huict instituéz par le roy sainct Louys, et les quatre instituez par Philippe-le-Bel, son père. *(A Paris, l'an mil trois cens quinze, au mois de juin.)*

X.

Lettres du roy Philippe le Long et Pierre de Condet à Ambry de Charmaye. clerc, et Guillaume de

Marcely chevalier, par lesquelles il leur mande qu'ils ayent a adviser où pourront estre assignés rentes et revenus aux chanoines de la Sainte-Chapelle, au bailliage de Caen et Chasteauneuf sur Loire. *(Le 25ᵉ de novembre, en l'an 1317. Scellée.)*

XI.

Don du droit patronnage ez paroisses de Luthère d'Aubigny et de Granville au diocèse de Constance par Charles le Bel, aux trésorier et chanoines de la Sainte-Chapelle, estant reservé au Roy le droit de présentation, et nomination de vicaires perpétuels ez églises desdites paroisses. *(A Paris, en l'an 1327. Scellée.)*

XII.

Don de quatre vingts cinq livres treize sols tournois de rente à prendre au trésorier et aux chanoines de la Sainte-Chapelle à Paris, avec le consentement de sa femme Marie de Haynault. *(A la Sainte-Chapelle, à Paris, le vendredy après l'Ascension, en l'an 1325. Scellée.)*

XIII.

Inventaire des reliques, joyaux, livres, ornemens, vestemens et autres choses appartenans à l'usage de ladite Sainte-Chapelle du Palais. *(En l'an 1336, au mois d'aoust.)*

XIV.

Autre inventaire desd. reliques et autres choses appartenans à l'usage de ladite Sainte-Chapelle du Palais, à Paris. Un joyau, appellé le Camahieu, envoyé à Nostre Saint Père le Pape. *(En l'an 1343, au mois de juin. — Scellée.)*

XV-XVI.

Don de quatre cens livres de rente par le roy Charles cinq^e, aux trésorier et chanoines de la Sainte-Chapelle, a Paris, a prendre ez prevostez de Saint-Quentin en Vermandois et de Ribemont. *(A Paris, au mois d'octobre, en l'an 1367. Scellée.)*

XVII.

Vente de quatre livres parisis de rente a prendre sur une maison sise à Paris, rue aux Termes, hors la porte

Saint-Denys, par Guillaume Girard, armurier du Roy, au nom et proffit des trésorier et chanoines et collége de la Sainte-Chapelle, pour la somme de cent livres tournois. — *(A Paris, le 6ᵉ jour de febvrier 1390. — Scellée.)*

XVIII.

Saisine de lad. vente au proffit desd. chanoines. *(En l'an 1394, au mois de febvrier.)*

XIX.

Transport de ladite vente faite par lesdits de la Sainte-Chapelle au Palais royal, à Paris, pour la somme de mil six cens quatre vingts livres d'or receus d'eux pour et au nom du Roy; donnée en l'assemblée de ladite Sainte-Chapelle *(le huictiesme jour du mois de juillet, en l'an 1402).*

XX-XXI.

Don de quatre cens soixante et quatorze livres de rente annuelle par le roy Charles sixiesme aux trésorier et chanoines de la Sainte-Chapelle du Palais royal *(en l'an 1402, le 6ᵉ d'octobre). (Scellée.)*

XXII.

Récompense de six cens soixante et huit livres vingt cinq sols de rente annuelle à prendre sur les charges et forges et orpheures, estans sur le grand pont, à Paris, ordonné par le roy Charles 6ᵉ aux trésoriers de la Sainte-Chapelle, à Paris, pour n'avoir lesdits de la Sainte-Chapelle jouy entièrement de la somme de mil sept cens cinquante et une livres de rente, qui leur avoit esté donnée et assignée sur les vicomtez de Cayen et Bayeux, par le roy Charles le Bel *(en l'an 1403, au mois de septembre.) (Scellée.)* — *Deux roulleaux de minutte ratturez en plusieurs endroits et sans datte.*

Après l'inventaire des layettes de la Sainte-Chapelle, — layettes comprenant les vingt-deux chartes ci-dessus, qui portent chacune leur numéro d'ordre, — on trouve, dans les pages suivantes, le relevé des titres du *collége de Navarre,* de *l'abbaye et couvent de Saint-Denys, en France,* de la *Saincte-Chapelle du bois de Vincennes,* de *Sainct-Maur-des-Fossés,* du *monastère de Longpont,* des *communautez de Beauvais;* plus loin l'inventaire des Chartes du Trésor d'Orléans, de Chartres, de Blois, de Tours, d'Amiens et de Péronne.

Aux pages 213 et suivantes sont inventoriées les layettes de *Sainct-Quentin* et de *Compiègne;* nous les relevons, à cause de leur intérêt historique.

Voici les chartes classées sous la rubrique de *Sainct-Quentin.* (Pages 213 et suiv.)

I.

Sentence arbitralle donnée par les arbitres esleuz, tant de la part de Léonor, comtesse de Sainct-Quentin, d'une part que de la part des doyen et chapitre de Sainct-Quentin d'autre, à cause de quelques batteries et violences. A Paris, à Saincte-Geneviefve-du-Mont *(à la Chapelle, l'an 1213). (Scellée.)*

II.

Lettres des doyen et chapitre de Sainct-Quentin par lesquelles ils recognoissent que le roy Philippe le Bel qu'ils appellent leur patron, leur ayant octroyez par les maire et jurez et eschevins de la ville de Sainct-Quentin, qu'ils jureront de garder leurs personnes et leurs biens, qu'ils attendent que ce soit, sauf les droicts du roy et les coustumes de la ville de Sainct-Quentin. *(L'an 1313, au mois de juillet.)*

III.

Jugement du roy Philippe-Auguste sur les différends qui estoient entre la comtesse de Sainct-Quentin d'une part et le chapitre dud. Sainct-Quentin d'autre. A Paris, l'an 1211, au mois de juillet. (Scellée.) — Est faict mention de Raoul et Philippe, autrefois comte de Vermandois. Est porté que la comtesse de Sainct-Quentin contraindra à satisfaction celuy qui aura esté excomunié par an et jour, pour iceu que le doyen dud. Sainct-Quentin monstrent qu'il a esté excomunié justement, plus que chaque chanoine fera après son investiture le serment de fidélité à lad. comtesse.

IV.

Lettres de l'abbé et couvent de Sainct-Prix *(Sancti Proveti)* par lesquelles ils se soubmettent à l'arbitrage de quelques chanoines et chevaliers, pour les différends qu'ils avoient avec les maire et juré de Sainct-Quentin, à cause de quelques praries et marests, qu'aussy avec les vicomte et eschevins du Roy, sçavoir sy leurs suiects *in castro Sancti Quentini pro Catallo detineri debeant et justiciari.* (L'an 1219.) (Scellée.)

V.

Accord entre le roy Philippe-Auguste d'une part et les doyens et chapitre de Sainct-Quentin d'autre, touchant les différends qui estoient entre eux : « *Super hominibus ipsius capituli arestendis pro Catallo, in vicecomitem Sancti Quintini.* (A Sainct-Germain-en-Laye, l'an 1220; scellée.) *Signum Guidonis buticularii, Bartholomæi camerarii, signum Mathæy constabularii.* »

VI.

Sentence arbitralle de Guillaume de Versailles, Guillaume de Chastelar, baillif du Roy, sur le différend qui estoit entre le chapitre de Sainct-Quentin d'une part, et Renault de Cuiciniaco d'autre. L'an 1221. *(Scellée.)* Le différend estoit pour quelques bois, la justice, la taille et autres droicts *in territorio Cuicinaci*. (Coucy-le-Château.)

VII.

Lettre de Eudes de la Roche, précepteur de la maison de la milice du Temple en France, au roy sainct Louis, par laquelle il luy quitte deux prébendes, l'une en l'église de Sainct-Quentin, et l'autre en l'église de Sainct-Furcy de Péronne.

VIII.

Sentence arbitralle sur le différend, qui estoit entre lesdits doyen et chapitre de Sainct-Quentin d'une part et le custos de lad. église d'autre. Confirmée par le roy sainct Louis, l'an 1256. Led. custos n'est tenu à la résidence pour sa prébende en lad. église.

IX.

Promesse des doyen et chapitre de lad. église de Sainct-Quentin en Vermandois, d'employer au bastiment de l'église ce qu'ils perceveront des prébendes vacantes en lad. église, desquelles le roy octroye, pour cinq ans, le revenu annuel. (L'an 1275.)

Au nombre des chartes classées sous la rubrique *Compiègne,* on relève les deux suivantes, qui portent les n°s 1 et 2 :

I.

Bulles du pape Alexandre au roy sainct Louis, pour le bastiment du monastère des frères prescheurs au chasteau de Compiègne, diocèse de Soissons, portant permission de choisir tel Evesques qu'il luy plaira, pour bénir la première pierre et aussy le cimetière. *(A Vi-*

terbe, *en septembre, le troiziesme an de son pontificat.)*

II.

Six bulles du pape Clément quatriesme touchant l'hospital de Compiègne. La première, permission d'avoir un cimetière. *(Donnée à Pérouse en febvrier.)* — La seconde contenant mesme faict, duplicata. — La troisiesme adressante au ministre principal de l'ordre de la Saincte-Trinité des Captifs de France, sur l'union d'un hospital de la ville de Compiègne au susdit ordre de la Trinité. *(Donnée à Pérouse, au mois de febvrier.)* — La quatriesme bulle adressante à l'Evesque de Soissons, pour consacrer la chappelle dudit hospital et bénir le cimetière. *(A Viterbe, l'an premier de son pontificat.)* — Duplicata et c'est la cinquiesme. — La sixiesme adressante au cardinal de Sainte-Cécile, légat du Sainct-Siége apostolique, pour soubmettre la Maison-Dieu de Compiègne aux frères de l'ordre de la Trinité des Captifs. *(A Pérouse, au mois de septembre, l'an premier de son pontificat.)*

Vient ensuite le dépouillement des deux layettes de *Boulongne* ; puis l'inventaire des chartes du Trésor de *Bourgongne*. Cet inventaire, très-étendu, contient neuf chapitres. Les chartes de Bourgogne étant réunies en neuf layettes, chaque chapitre présente l'inventaire d'une des layettes.

Les chartes, comme dans tous les autres chapitres du manuscrit, portent chacune leur numéro d'ordre. Voici les seules chartes présentant quelque intérêt, avec l'indication de la page du volume et du numéro sous lequel elles sont cotées :

CINQUIÈME LAYETTE.

N° 138. — *Page 289, verso.*

Instruction donnée de la part du roy Charles cinquiesme au duc d'Anjou, pour représenter au pape et aux cardinaux les torts et entreprises faictes par le roy de Navarre ains est escheüe à roy Jean, cousin germain du père de Philippe, duc de Bourgongne, et plus prochain du costé et ligne dont vient led. duché. Est soutenu par led. roy Charles qu'au duché de Bourgongne la représentation n'a point de lieu outre le fils de ses frères, led. roy Charle faict offres aud. roy de Navarre qu'il fust cogneu du droict dudict duché comme estant pairie de France, est revocqué qu'il fut mandé par led. roy Charle qu'il cuidoit avoir aussi bon droict aud. duché de Bourgongne, qu'il vouloit bien que le pape eust cognoissance à qui de droit debvoit appartenir led. duché, non poinct par manière de subjection mais de la pure volonté du roy Charle et de son consentement et aucthorité. Est faict mention d'Arnaulx, seneschal de Carcassonne, de Jean de Sainctey, seneschal d'Anjou chevallier approuvé et notable, de Jean de Quingé et Hugues de Salins, chevallier et encore de Jean de Neuschastel. Se plainct aussy led. roy Charle que led. roy de Navarre auroit faict escarteler les armes de France avec les siennes, et oster la différence qu'il porte et devoit porter.

SEPTIÈME LAYETTE.

N° 33. — Page 302.

Coppie de lettres du roy Jean par lesquelles il vint *(sic)* à la Couronne de France les duchés de Bourgongne et de Guyenne, et les comtez de Champagne et de Thoulouse. *(Au chastel du Louvre, proche de Paris, l'an 1361, au mois de novembre.)*

N° 34.

Coppie des lettres du roy Charles cinquiesme par lesquelles il confirme le don du duché de Bourgongne faict à son frère Philippe le Hardy par leur père le roy Jean. Au Louvre, proche Paris, l'an 1364, le 2 juin. Le don dud. roy Jean faict à Germigny sur Marne, l'an 1363, le sixiesme jour du mois de septembre. Led. roy Jean se reserve pour luy et ses successeurs Roys de France, le droict de ressort, souveraineté, foy et hommage dud. duché et cree son dit fils Philippe premier Roy de France.

N° 69 — *Page* 307.

Escritures faictes par Guillaume Bourrelier, procureur fiscal du duc et comte de Bourgongne par lesquelles il conclud que les chappelains de l'église paroishialle de Sainct Martin des Eurre *(sic)* et les prieurs et confrères de la confrairie du Sainct-Esprit dudit des Eurre sont subjects au droit d'amortissement pour les biens par eux acquis. Est dict que le duc de Bourgongne est seigneur souverain de son duché de Bourgongne outre la rivière de Saosne et que le pays de deça est du ressort et souveraineté du parlement de sainct Laurents; que le roy de France a coustume d'user du droict d'amortissement sur les gens d'église du royaume et le duc de Bourgongne du mesme droict en son mesme duché, entre la rivière de Saosne; que pour led. droict d'amortissement est deu le revenu de cinq années des biens acquis par les gens d'église et que le pape ne peult faire aucunes constitutions au préiudice des droicts au temporel des princes souverains.

Le premier volume du manuscrit se termine par l'*Inventaire des Chartres du Trésor de Champagne*, inventaire embrassant quatorze layettes. Les documents qui y sont relatés offrent un grand intérêt historique ; ils consacrent l'intervention de la Papauté dans les différends qui s'élevaient entre les seigneurs du temps. Les Chartes principales, et surtout celles émanant de la cour de Rome, sont relevées ci-après :

Chartres du Trésor de Champagne.

TROISIÈME LAYETTE.

N° 131. — Page 378, verso.

Bulle du pape Grégoire adressante aux abbéz de Longpont et du Val Secret des ordres de Cisteaux et de Prémonstré, diocèse de Soissons, et encore à l'abbé de Sainct Jean des Vignes de Soissons, par laquelle il leur mande qu'à l'exemple de ses prédécesseurs Innocent et Honorius papes il prend, sous la protection de sainct Pierre et la sienne, les personnes et les biens de la comtesse Blanche et de son fils Thibaut, comte de Champagne, avec deffence que personne ne les puisse excómunier ou jetter sentence d'interdit en leur terre sans cause manifeste et raynable *(sic)* et encore que toujours la monition canonique précède, sy ce n'ayt que y ait eu tel excez qu'il ne requière l'ordre judiciaire et en cas qu'il leur soit faict grief, il leur soit loisible d'appeler au siége apostolique et pour ce commande ausdicts abbéz qu'ils ayent à desnommer les sentences nulles et de nulle valeur qui seront contraires à la présente bulle. *(A Anagnie, en l'année première de son pontificat, l'an 1227.)*

N° 132.

Bulle dudit pape Grégoire neuf à ladite comtesse Blanche et audict comte Thibaut son fils contenante la grâce qu'il leur faict pour l'excomunication, en l'an premier de son pontificat, au mois d'aoust.

N° 133.

Bulle du pape Innocent troys adressante à Blanche, comtesse de Champagne, par laquelle il confirme l'accord que ladite Blanche auroit faict avec le roy Philippe-Auguste, tant pour la garde de son fils et pour l'hommage à rendre par sondict fils audict roy Philippe que sur autres articles. *(A Latran, l'an troiziesme de son pontificat, au mois d'aoust.)*

N° 134.

Autre bulle dudict pape Innocent troiziesme adressante à l'abbé de Sainct Jean des Vignes et au doyen de Soissons, par laquelle il leur mande que sy aucuns de ceux qui ont faict la foy et hommage à la comtesse Blanche et à son fils Thibaut, comte de Troyes, veulent s'en départir, qu'après la monition ils le puissent contraindre par censure ecclésiastique, nonobstant appellation, à demeurer en ladite foy et hommage. *(A Latran, l'an dix huictiesme de son pontificat, au mois de septembre.)*

N° *143*. — Page *380*.

Bulle du pape Clément quatre à Thibaut, roy de Navarre, sur ce qui se seroit croisé contre les agarements *(sic)* il les prend avec ceux qui les suivront leurs royaumes comtéz et seigneuries et génerallement tous leurs biens, soubs la protection de sainct Pierre et la sienne, en faisant estroicte deffence qu'aucun n'ayt à l'offencer troubler ou molester, ains que tout luy demeure sans dommage et diminution jusques à ce qu'il soit congnu certainement de son retour ou de son decedz. *(A Viterbe, l'an troisiesme de son pontificat, au mois de juin.)*

N° *144*.

Autre bulle dudict pape Clément quatriesme aux abbéz des monastères de Monstier-an-der, ordre de sainct Benoist, diocèse de Troyes et de Soissons par laquelle il leur mande avoir octroyéz la grâce que dessus numéro cent quarante troys et que ceux qui y contreviendroient il ayt à les contraindre par censure ecclésiastique, nonobstant appel. *(A Viterbe, l'an troiziesme de son pontificat.)*

QUATORZIÈME LAYETTE.

N° 17. — Pages 424 et suiv.

Bulle du pape Honoré troiziesme aux abbéz de Val Secret et de Sainct Jean des Vignes, diocèse de Soissons et encore au doyen de Soissons par laquelle il leur mande qu'ils ayent à contraindre l'évesque de Langres par peyne de suspension de mettre à exécution la sentence d'excommunication contre Erard de Brenne (1). Philippe sa femme, Miles Desnoyers, Miles de sainct Florentin, Simon de Clermont, Simon de Sassefontaines et Renaud de Choisel, pour avoir iceux faict des bruslements et rapines au comté de Champagne et y avoir voulu traiter de trefves avec Blanche de Champagne et son fils Thibaut, comte de Troyes. (*A Lateran, l'an 2ᵉ de son pontificat, le 6ᵉ des kalendes de febvrier.*)

N° 18.

Vidimus des lettres de Arnault Guillaume d'Aigremont par lesquelles il recognoist estre homme lige de Thibaut, roy de Navarre, pour le chasteau d'Aigremont et appartenances et au cas que ledict roy Thibaut ayt

---

(1) Brienne-Napoléon, arrondissement de Bar-sur-Aube, en latin, *Brena*.

guerre contre quelqu'un de luy livrer le chasteau pour en faire à sa volonté à la charge qu'il lui sera rendu quarante jours après que la guerre sera finie. *(L'an 1237, en septembre.)*

N° 44. — Page 426.

Bulle du pape Innocent troiziesme à l'évesque de Soissons, à l'abbé de Longpont et au doyen de Soissons par laquelle il leur mande de faire un examen à futur sur **la legitimité des deux filles de feu Henry comte de Champagne et Brie**, lesquelles il auroit eues a ce qu'on prétendoit hors mariage de la reyne de Jérusalem. *(A Lateran, l'an 16ᵉ de son pontificat, le 2ᵉ des kalendes de décembre.)* Est porté que led. Henry auroit enjoinct à ses barons et chevaliers de faire le serment de fidélité après son decedz à son frère Thibaut comme au comte de Champagne et Brie.

N° 45.

Autre bulle du pape Innocent troiziesme à l'abbé de Sainct Jean des Vignes et au doyen de Soissons, par laquelle il leur mande d'empescher par censures ecclésiastiques, en la province de Rheims que aucuns n'aide Erard de Brene en la guerre qu'il voudroit mouvoir à Thibaut, comte de Champagne, pour raison de la succession des comtéz de Champagne et Brie prétendue par ledict Erard à cause de sa femme. *(A La-*

teran, *l'an 18ᵉ de son pontificat, le 2ᵉ des nonnes de febvrier.)* Est dict que la femme dudict Erard estoit née de conjonction illégitime, avec la fille du roy de Jérusalem, laquelle auparavant auroit esté conjoincte, par inceste, avec Conrard marquis de Montferrat, plus que la femme dudict Erard estoit sa cousine et qu'il l'avoit espousée clandestinement et qu'elle n'estoit point fille aisnée de la femme du roy de Jérusalem.

N° 46.

Bulle du pape Honoré troiziesme aux abbéz de Clugny et Cisteaux et au prieur de Vergy à mesme fin que dessus numéro 45, pour empescher ceux de la province de Lyon, qui voudroient ayder ledict Erard de Brene et sa femme Philippe en la guerre qu'ils voudroient faire contre Thibaut, comte de Troye, pour raison des comtéz de Champagne et Brie. *(A Rome à sainct Pierre, l'an premier de son pontificat, les ides de décembre.)*

N° 47.

Autre bulle du pape Honoré troiziesme aux abbéz du Val Secret, de Sainct Jean des Vignes et au doyen de Soissons à mesme effect que dessus numéro 46, pour la province de Rheims. *(De mesme datte.)*

N° 48.

Bulle du pape Honoré troiziesme aux abbéz du Val Secret, de Sainct Jean des Vignes et au doyen de Soissons, par laquelle il leur mande de faire publier la sentence d'excomunication contre Erard de Brene et Philippe sa femme, Miles Desnoyers et leurs aydans fauteurs, lesquels auroient faict la guerre ez comtéz de Champagne et Brie au comte Thibaut. *(A Lateran, l'an 2° de son pontificat, le 4° des nonnes de febvrier.)* Est dict que la mère de ladite Philippe avoit encore son mary légitime vivant, lorsqu'elle se maria à Henry comte de Champagne.

N° 49.

Autre bulle du pape Honoré troiziesme aux archevesques, evesques, abbéz, doyens, archidiacres et autres prélats des provinces de Lyon, Bezançon, Sens, Bourges, Tours, Rheims, Cologne et Trèves pour publier en leurs provinces l'excomunication que dessus numéro 48. *(A Lateran, l'an deuxiesme de son pontificat, le troiziesme des nonnes de febvrier.)*

N° 50.

Bulle de la bulle que dessus numéro 49 de mesme datte.

N° 51.

Bulle du pape Honoré troiziesme aux abbéz du Val Secret, de Sainct Jean des Vignes et au doyen de Soissons, par laquelle il leur mande qu'ils ayent à faire publier derechef la sentence d'excomunication contre Erard de Brene et Philippe sa femme, sy dans le terme compétant qui leur sera donné, ils ne se présentent devant le siége apostolique en personnes ou par procureurs. *(A Lateran, l'an 3ᵉ de son pontificat, le 5ᵉ des ides de janvier.)*

N° 52.

Bulle du pape Honoré 3ᵉ aux Evesques de Chaalons et aux abbéz de Sainct Jean des Vignes et du Val Secret, par laquelle il leur mande qu'ils ayent à contraindre, par censure ecclésiastique, la Reyne de Cipre, fille illégitime de Henry comte de Champagne de se présenter dans le terme compétant, qui luy sera donné, en personne ou par procureurs, devant le siége apostolique ou sera jugé de sa légitimité et cependant deffence à elle de faire guerre ou aucun trouble éz comtéz de Champagne et Brie. *(A Rome, l'an 3ᵉ de son pontificat, le 8ᵉ des kalendes de febvrier.)*

N° 53.

Bulle du pape Honoré 3ᵉ *a. b.* doyen de Chartres Giraud de Poitiers, chanoine et Raoult Fevestres, frère de la milice du Temple, par laquelle il leur mande d'absoudre, soubs certaines conditions, Erard de Brene, Philippe sa femme et leurs aydans et fauteurs à la guerre contre le comte de Champagne. *(A Viterbe, l'an 3ᵉ de son pontificat, le 6ᵉ des ides d'octobre.)*

N° 54.

Bulle du pape Grégoire 9ᵉ au roy Louis, par laquelle il le prie de ne cognoistre de la cause de la Reyne de Cipre, qui estoit en débat pour la succession du comté de Champagne que premièrement le siége apostolique n'ayt cogneu sy ladite Reyne est légitime ou non. *(A Anagnie, l'an premier de son pontificat, le 3ᵉ des kalendes de septembre.)*

N° 55.

Bulle du pape Grégoire 9ᵉ à l'archidiacre de Chaalons et aux chantres de Chaalons et de Langres par laquelle il leur mande qu'ils ayent à enjoindre de sa part à la Reyne de Cipre de comparoistre en personne ou par procureurs, dans le terme compétant qui luy sera donné devant le siége apostolique où sera déclaré sy ladite Reyne est fille légitime ou non de Henry comte de Champagne et cependant deffence à ladite Reyne d'entreprendre rien par force sur le comté de Champagne. *(A Anagnie, l'an premier de son pontificat, le 3ᵉ des kalendes d'octobre.)*

Nº 56.

Bulle du pape Grégoire 9º à l'évesque du Mans par laquelle il luy mande d'empescher, par censure esclésiastique, que le comte de Bretagne n'espouse la Reyne de Cipre qui luy est parente au quatriesme degré de consanguinitté. *(A Perouse, l'an 3ᵉ de son pontificat, le 12ᵉ des kalendes d'aoust.)*

Nº 57.

Bulle du pape Grégoire 9ᵉ aux abbéz de Sainct Jean des Vignes de Soissons et du Val Secret par laquelle, sur la prière à luy faicte par Thibaut comte de Champagne, il leur mande qu'ils ayent à faire un examen à futur sur la legitimité de la Reyne de Cipre et de sa sœur Philippe femme d'Erard de Brene prétendues estre issues de conjonction illégitime de la Reyne de Jérusalem avec Henry comte de Champagne et Brie fils dudict comte Thibaut. *(A Lateran, l'an 7ᵉ de son pontificat, le 13ᵉ des kalendes de may.)*

Nº 58.

Bulle du pape Grégoire 9ᵉ au comte de Bar le Duc par laquelle il luy mande qu'ayant faict foy hommage à Thibaut comte de Champagne pour le fief qu'il tient dudict Thibaut, qu'il se garde de faire lad. foy hommage à autre nommément à la Reyne de Cipre assignée à comparoistre devant le siége apostolique où sera cogneu sy elle est issue de loyal mariage, et adjouste ledict pape qu'en cas de contravention il a donné charge à certain qu'il nomme de contraindre iceluy comte par censure ecclésiastique. *(A Lateran, l'an 7ᵉ de son pontificat, le 7ᵉ des kalendes de may.)*

Nº 59.

Bulle du pape Grégoire septiesme *(sic)* aux abbéz de Sainct Jean des Vignes, de Casy et du Val Secret par laquelle il leur mande qu'ils ayent à citer devestre la Reyne de Cipre pour comparoistre dans certain jour compétant par devant le siége apostolique où sera déclaré si ladite Reyne de Cipre est issue de loyal mariage ou non. *(A   l'an 8ᵉ de son pontificat, le 3ᵉ des nonnes d'aoust.)*

Nº 60.

Bulle du pape Innocent 4ᵉ à l'évesque de Meaux par laquelle il luy mande que sur la requeste à lui faicte par Thibaut roy de Navarre d'estre absout du serment qu'il auroit esté contraint faire aux estats du Royaume à son nouvel advenement à la couronne, préjudiciable à la liberté ecclesiastique et à l'estat du royaume, que en ce il ayt à faire ce qu'il jugera estre expédiant pour le salut de l'ame dudict roy, de la liberté ecclésiastique et de l'utilité du royaume. *(A Assise, l'an 11ᵉ de son pontificat, le 3ᵉ des kalendes de juin.)*

N° 61.

Lettres de Simon, cardinal de Saincte Cécille, légat du siége apostolique par lesquelles il déclare qu'en l'octroy faict au Roy de Navarre du centiesme des revenus ecclésiastiques ez comtez de Champagne et Brie pour le secours de la Terre Saincte, sont comprises tant les terres qui sont tenues médiatement dudict Roy de Navarre esdicts comtéz que celles qui sont tenues de luy immédiatement, comme aussy celles tenues des monastères. *(A Royaumont, l'an 4ᵉ de son pontificat du pape Clément quatriesme, le 16ᵉ des kalendes d'avril.)*

Cette charte est la dernière du premier volume.

Le second volume (les numéros des pages font suite aux numéros du premier volume) contient, tout d'abord, l'*Inventaire des Chartres des gouvernemens de Lionnois*. A la différence du premier volume, où les chartes étaient le plus souvent classées par provinces et subdivisées par villes, elles sont ici classées par gouvernements et subdivisées par provinces.

Sous le titre : *Gouvernemens de Lionnois*, sont visées les chartes de *Lion*, du *Foretz*, de *Beaujeu*, de la *Marche*, d'*Auvergne* et du *Bourbonnais*.

LAYETTES DE LION.

Charte n° 5. — Pag. 429 à 437.

Lettre de Pierre de Tartenaise esleu archevesque de Lion déclarant que le Roy l'a receu à foy et hommage pour le temporel de son evesché, sans préiudice du différend qui estoit entre le Roy et luy sur ce qu'il s'estoit mis en possession dudict temporel avant que faire ladite foy, comme en avoient usé ses prédécesseurs entr'autres Philippes de Savoye. *(L'an 1262, le sceau est rompu.)*

N° 7.

Accord et traitté entre Raoul archevesque de Lion et Hugues, evesque d'Autun et les doyens desdictes églises, lesquelles vaccantes, l'archevesque de Lion aura l'administration du spirituel et temporel de l'evesque d'Autun au réciproque il aura l'administration de l'archevesque de Lion. *(Le siége vaccant, l'an 1286; signé.)*

N° 8.

Vidimus d'une lettre du roy Philippe le Bel déclarant que par inadvertance ses gens ont mis en ses mains la régalle de l'évesché d'Autun, le siége vaccant, devant estre en celles de l'archevesque de Lion et au réciproque celle de Lion, le siége vaccant, possedée par l'évesque d'Autun. *(L'an 1289, signé.)*

N° 10.

Plaincte de tout le clergé et religieux de Lion au roy de plusieurs mauvais traittemens qui leurs sont faicts, sous son nom, leur archevesché vaccant. *(Scelléez de seize sceaux, en l'an 1293.)*

N° 11.

Acte contenant : *primo,* la lettre de garde de protection du roy de la ville de Lion, qui est dans son royaume, l'an 1200; — *secundo,* et l'acceptation de ladicte sauvegarde par ceux de Lion, qui promettent en cette considération de bailler au roy, chacun an, de chacun feu dix solz, pour chacun des nobles et douze deniers, petits tournois. *(L'an 1292, signé.)*

N° 13.

Acte de l'official de Lion addressé aux curéz de ladicte ville par lequel sur ce qu'il a eu advis que les habitans de ladicte ville qui d'ancienneté despendent et sont subjectz de l'archevesque se sont mis en la protection d'autruy, leur enjoinct de publier en leurs églises et admonester ceux de Lion et nommément certains y dénomméz de leurs fautes et qu'ils ayent à les corriger, sur payne d'excommunication. *(L'an 1292, coppie.)*

N° 14.

Coppie de deux lettres d'Alphonce de Ronurago seigneur de Beaucaire aux chanoines et chapître de Lion. La première est à ce qu'ils lui facent responce à un mandement qu'ils ont eu du Roy, autrement qu'il agira contre eux comme désobeissans. La seconde deffence ausdicts de Lion de retirer les ennemis du Roy. *(L'an 1294, le duc de Bourgongne estant lieutenant de roy audict pays.)*

N° 15.

Quatre roulleaux de lettres du duc de Bourgongne aux mêmes fins que la précédente et se plainct que la responce par eux faicte n'est suffisante auquel lesdicts de Lion font responce qu'ils ne peuvent dire davantage. *(L'an 1294.)*

N° 16.

Bulle de Boniface huictiesme au roy par laquelle il lui donne advis qu'il a suspendu, pour un certain temps, la sentence d'interdit donnée contre les habitans de Lion et qu'il a commis le ressort et la garde de la ville à l'évesque d'Auxerre et au duc de Bourgongne et qu'il a nommé quelques commissaires pour travailler à cette affaire et citer tant ledict archevesque que habitans de Lion, pour comparoistre à Rome devant luy, prie le roy d'y envoyer de sa part. Aussy le différend estoit entre le roy et les habitans de Lion d'une part et l'archevesque et le chapître de Lion d'autre, pour le faict du ressort.

N° 17.

Bulle du pape à l'archevesque de Narbonne, à l'évesque d'Autun et à l'archevesque de Rouen et autres pour travailler à l'affaire cy dessus par laquelle il leur ordonne d'oster la main du Roy sur les biens de ceux de l'église de Lion et suspendre l'interdit pour un certain temps et qu'il leurs commande aux uns et aux autres de se trouver à Rome, pour estre ordonné par luy ce qui sera de raison. *(Numéro trois, sub plumbo.)*

N° 18.

Bulle dudict pape ausdict evesque d'Auxerre et duc de Bourgongne par laquelle il leur commet la garde de Lion et le ressort de ladicte ville pendant leur différend *(Numéro 3, sub plumbo.)*

N° 20.

Traitté faict entre l'archevesque de Lion par ses agens et le roy par Pierre de Bella Pertica, doyen de Paris, touchant la justice en ladicte ville de Lion et autres poincts et controverses que le roy a en toute la ville et cité de Lion, citrà Saonam, cognoistra des sentences des appellations deffinitives donnéez par le juge laye (1) qui seront jugéez au Parlement par appel ou par deux ou trois du conseil du roy, qui jugeront suivant le droict escrit. L'archevesque fera serment de fidélité au roy sans

---

(1) Laïque.

toutefois que les biens de ladicte église soient du fief du roy. *(L'an 1305, scellé de trois sceaux.)*

N° 29.

Traitté et composition faicte entre le roy d'une part et l'archevesque doyen et chapître de Lion et toute la terre et baronnie de l'église de ladicte ville estoient du royaume et qu'elle avoit esté de tout temps subject du roy et par conséquent avoit droict de ressort garde et touts droicts de régalle et supériorité et que ledict archevesque estoit obligé à faire et présenter le serment de fidélité, lesdicts archevesque et chapître au contraire, ledict traitté consiste en plusieurs articles. *(L'an 1307, au mois de septembre, scellé neuf doubles.)*

N° 30.

Lettre par laquelle le roy érige en comté tout le temporel, dont jouyt l'archevesque en l'église de Lion, donne audict archevesque les regalles de l'evesché d'Autun et dominium de l'abbaye de Savigny mouvant du roy. *(L'an 1307, scellée.)*

N° 32.

Lettres du roy en conséquence dudict traitté par lesquelles est convenu par iceluy que l'archevesque de Lion lui fera et à ses successeurs Roys serment de fidélité, promettront aussy de ne le suprimer en ses droictz de supériorité, garde et ressort, comme aussy les chanoines de ladicte église et les officiers royaux jureront à l'entrée de leurs charges de ne rien faire contre ladicte transaction. *(L'an 1307, scelléez.)*

N° 38.

Deux lettres du Roy par lesquelles en conséquence du traitté il accorde auxdictz archevesque et chapître de Lion d'acquérir dans leurs baronnies, sans estre obligéz de demander admortissement et que le roy ne pourra rien acquérir dans ladicte baronnie ny y faire fortiffier aucunes places et qu'ils pourront porter harmes. *(L'an 1307, scelléez.)*

N° 39.

Lettres du roy commandant à ses collecteurs de décime de rien lever sur ceux de l'église de Lion. *(L'an 1307, scelléez.)*

N° 40.

Lettre par laquelle le roy remettant aux ecclésiasticques et autres de Lion toutes les forfaictures félonnies et rébellions qu'ils avoient commises contre luy. *(L'an 1307, scellée.)*

N° 53.

Acte par lequel on voit que l'archevesque de Lion suscité par son église, se plaignoit du traitté cy dessus et qu'il ne le pouvoit observer, sur quoy le roy au lieu de Pierre de Bella Pertica, evesque d'Auxerre décédé qui avoit charge de décider les difficultéz résultantes dudict traitté envoya Guillaume de Nogaret chevalier, pour ouir les raisons dudict archevesque qu'il ne peut vaincre ny ranger à la raison. *(L'an 1309, signé double.)*

N° 76.

Information et raison de droict sur la souveraineté qui appartient au roy et au royaume, au territoire et ville de Lion qu'il a esté trouvé in libro passionario de ladicte église qu'un sainct archevesque de Lion estant malade à Paris, pria le roi Childebert de pourvoir sainct Nicetins après sa mort, qu'il lui accorda les abbayes de l'isle Barbe et Sainct Just sont les plus anciennes de la ville de Lion, dont les roys sont fondateurs, qu'il y a eu un eschange entre l'archevesque de Lion et le comté de Forestz du comtéz de Lion et autres chasteaux et fiefs estans au royaume appartenant audit comtez, pour plusieurs chasteaux estants en Auvergne et Foretz que le roy confirma cet eschange, le lieu du passionnaire de ladicte église est au long touchant le faict de Nicetins : *Rex franciæ nobilior et altior rex mundi, nec superiorem habet in mundo in temporalibus et de eo dici quod de Imperatore dicitur quod omnia jura præcipuè jura competentia Regno suo in ejus pectore sunt inclusa.* — Dict que le roy de France anciennement élisoit des prélatz, *poterat interesse electionibus prælatorum ;* que l'archevesque de Lion doict le serment de fidélité et hommage lige au roy et ne peut prendre possession de son temporel qu'il ne l'ayt faict ; qu'un évesque qui offence le roy *amittit fundum,* comme on say et après la mort le fait retourner à l'église, *ut legitur in libro usuum feudorum de Capitulis Conradi. Finali* que les evesques au temporel, avant la constitution de l'empereur Frédéric, estoient non seulement subjectz à leurs seigneurs particuliers mais aux présidens des provinces : *Papa non habet jurisdictionem temporalem nullo in loco, nisi in patrimonio sancti Petri.*

Les chartes relatives aux provinces du *Forestz, Beaujeu,* la *Marche, Auvergne* et *Bourbonnois* sont sans intérêt.

Viennent ensuite les chartes relatives au *Gouvernement du Dauphiné.* Sous ce titre sont comprises sept layettes du *Dauphiné* et quatre du *Valentinois*.

DAUPHINÉ.

Les premiers documents se réfèrent à des sentences arbitrales, accords et traités entre les seigneurs du Dauphiné, dénommés *Dauphins de Viennois,* et les seigneurs voisins, notamment le comte de Toulouse, le duc de Bourgogne, le comte de Savoye et de Provence. On remarque, à la layette 4 (page 458), les chartes suivantes :

N° 2.

Lettre par laquelle le roy Charles VI donne et transporte à son fils aisné, Dauphin de Viennois, entré en son quatriesme an, le Dauphiné pour en jouir et en disposer comme de sa chose. *(Le 28 janvier 1409, scellée.)*

N° 4.

Bulle du pape portant permission audict Dauphin de faire chanter messe devant le jour, *circà diurnam lucem. (Sub plumbo.)*

N° 5.

Bulle du pape Jean XXIII permettant audict Dauphin de choisir un confesseur auquel il concède le pouvoir d'absoudre des cas réservés au Sainct Siége. *(Donnée à Souffamberg près Basle, anno 3; sub plumbo.)*

N° 7.

Bulle dudict pape permettant audict Dauphin de faire célébrer des messes basses aux lieux interdicts à la charge que les portes soient closes et les excommuniéz exclus, sans sonner cloches. *(Sub plumbo.)*

N° 8.

Bulle du pape octroyant en faveur dudict Dauphin que les serviteurs jusques au nombre de trente gaigneront les gros fruits de leurs bénéfices, bien que non résidens et en la suitte dudict Dauphin. *(Sub plumbo.)*

N° 10.

Bulle du pape, par laquelle en considération que ledict Dauphin est nay le jour sainct Vincent et qu'il porte le nom de Louis confesseur, permet que ledict

Dauphin face célébrer touts les ans un service solemnel en l'honneur desdicts saincts. Il concède à touts pénitens et confesséz qui assisteront à ce service, ledict Dauphin présent, trois cents jours d'indulgences. *(Sub plumbo.)*

N° 12.

Bulle dudict pape par laquelle il proroge le statut par luy faict, pour la cognoissance des causes bénéficiales du Dauphiné en la ville d'Avignon. *(Anno 3. Sub plumbo.)*

La troisième partie du second volume est intitulée *Mélanges* (pages 489 à 825). Sous cette rubrique, sont comprises les chartes concernant les *Eslections*, les *Regalles*, *Gravamina ou plainctes des grands du royaume contre les entreprises des ecclésiastiques*, les *bulles* par lesquelles les papes ont *faict sçavoir leurs eslections aux roys de France*, celles relatives aux *Croisades* et entreprises d'outre-mer, celles tendant à faire lever les *Interdits*, les pièces sur les *gistes deubs au Roy*, sur les dispositions contre les blasphémateurs, sur les légitimations, sur les *dons et ausmones aux églises*, sur les *traittés faicts par prisonniers de guerre*, pour sortir de prison, enfin sur les *chevaliers de Sainct Jean de Hierusalem.*

ESLECTIONS.

Les layettes relatives aux élections contiennent une suite de lettres adressées aux rois par les chapitres des églises ou par les religieux des couvents demandant licence d'élire soit un évêque, soit un abbé.

On remarque la charte suivante :

N° 16. — Pag. 489 verso.

Demande faicte par les religieux de Tournus pour eslire un abbé au lieu du leur qui avoit résigné *in manibus Legati apostolicæ Sedis in Franciâ. (L'an 1268, scellée.)* Y a cette clause : *parlant au roy, prædecessores vestry Ecclesiam fundaverunt et vobis subesse in temporalibus immediate dignossimus.*

REGALLES.

Sous ce titre sont classées cent vingt-neuf lettres, conçues en termes presque identiques, dans lesquelles les religieux des couvents ou les doyens et chapitres des églises demandent au roi « qu'il

« lui plaise donner main-levée de la Regalle à
« leurs abbés ou à leurs évesques en l'asseurant
« de l'eslection. »

La lettre n° 26, pag. 496, est ainsi conçue :

Lettre des doyen et chapître de l'église de Chalon sur Marne au roy à ce qu'il lui plaise donner main-levée de la régalle à leur évesque nommé Gaufridus de Grandiprato. *(L'an 1241, scellée.)* En cette eslection il y eut grande dispute, qui dura quelque temps. Enfin le pape Grégoire jugea celuy-cy et le confirma.

Les chanoines parlant au roy : *Rex Franciæ solus refugium est Ecclesiæ, sub cujus solius protectione libertas universalis Ecclesiæ constitit.*

Remarquant que la division pour cette eslection les a évincéz.

RÉGALLES (DEUXIÈME LAYETTE).

N° 1. — Page 504.

Bulle d'Innocent troiziesme addressante au roy Philippe par laquelle il déclare que bien qu'il ayt pourveu d'une chanoinie de Sainct Quentin un nommé X... en ladicte bulle, que c'est sans préiudice du droict de patronnage appartenant à la comtesse de Vermandois en ladicte église de Sainct Quentin. *(Pontificali 4° 7; sub plumbo.)*

GRAVAMINA OU PLAINCTES DES GRANDS DU ROYAUME ET AUTRES CONTRE LES ENTREPRISES DES ECCLÉSIASTIQUES.

N° 7. — Page 510.

Lettres de Hugues de Lusignan, comte de la Marche et Angoulesme, P. comte de Bretagne et vicomte de Thouars, Gaufroy de Toratio et autres au roy Louis huictiesme par lesquelles ils se plaignent au roy des grandes entreprises et injustices des ecclésiastiques sur leurs terres, telles qu'ils ne les peuvent plus souffrir, suppliant le roy d'y vouloir mettre ordre autrement qu'ils seront contraincts quitter leurs terres et prier le légat du Sainct Siége d'y remédier, adjoustans qu'ils se sont plaincts au pape, qu'il ne les a pas satisfaicts, *sed tantùm dedit verba*. Supplient le roy de leur vouloir donner conseil eux qui tiennent leurs fiefs de luy. *(A Thouars, l'an 1225, au mois de novembre, scellées de neuf sceaux.)*

N° 8. — Page 510, verso.

Roulleau contenant les entreprises des ecclésiastiques sur la justice du Roy et ses sujects *in linguâ occitanâ*, qu'ils veullent cognoistre de toutes actions personnelles reeles et mixtes entre toutes personnes, contraignant les nottaires de leur donner coppie des actes des parties, font statuz sinodaux au préiudice du roy et contraignent ses subjects par excommunication de les observer.

Que les déléguez du pape veuillent cognoistre des causes temporelles qu'ils deffendent sur payne d'excommunication : *ne matrimonia aliqua fiant per verba de præsenti, nisi bannis præcedentibus, et in facie Ecclesiæ,* vendent les sacremens de l'Eglise, exigent pour enterrer les morts, pour la fosse, pour sonner les cloches, pour porter la croix et l'ensensoir.

Qu'il n'est pas possible de tirer des malfaiteurs et banqueroutiers des églises, quand ils s'y sont retirez.

N° 9. — *Page 511.*

Roulleau contenant les plainctes du roy contre les prélatz du pape :

Premièrement, que les prélatz françois sont liéz, ou par hommage, ou par serment, ou par féauté à deffendre et garder les droicts et franchises du roy et du royaume.

Secondement, que le roy lors de la fondation de l'église et après a pris cognoissance contre toutes sortes de personnes de toutes sortes de matières, fors seulement causes d'eslections, postulation, institutions, et destitutions des prélatz, de mariage, testamens et correction de personnes d'église en faict personnel;

Tiercement, que les justices des ecclésiasticques estant fort petites de leur origine ils ont beaucoupt usurpé, pour les augmenter du temps de sainct Louis, despuis ce temps commencèrent à cognoistre entre lais d'arrérages de rente, et de lais croisés sur les faicts personnels, en excluant pour toujours desdicts croisés touts autres juges et deffences aux advocatz de demander le déclinatoire, qu'ils font trop de clercs.

Bulles par lesquelles les papes ont fait scavoir leurs eslections aux roys de France.

N° *1. — Page 511, verso.*

Bulle d'Innocent V faisant sçavoir au roy son eslection *per viam Spiritûs Sancti, nemine discordante,* promet toutes faveurs, *proponentes quantam vim deo poterimus regiæ dignitati deferre ac tua et regni tui commoda pro quibus ad nos poteris cum securitate recurrere in promptitudine benevolentiæ,* l'exhorte à la guerre contre les Turcques. *(Anno 1276, la bulle ostée.)*

A la page suivante (page 512), deux bulles sont distinguées et mises sous cette mention spéciale :

Deux bulles des papes Grégoire IX et Innocent IV honorables pour les roys de France.

Ces deux bulles sont ainsi conçues :

N° 1.

Bulle de Grégoire IX au roy sainct Louis par laquelle il lui donne advis des impiétéz de l'empereur Frédéric II et des maux qu'il a faicts à l'Eglise et que pour ce il l'a excommunié et comme le roy lui envoyant l'évesque de Poruest son ambassadeur, de le vouloir assister et l'exhorte par l'exemple de ses prédécesseurs qui ont combattu contre les Infidelles et luy même aussy à plus forte raison contre Frédéric impie, qui a aussy remis l'empire de Constantinople en l'obéissance de l'empereur Romain, ont exterminez les héréticques Albigeois qui ont tousjours demeuré fermes en leur foy, bref qui ont tousjours esté le refuge des papes afligez et l'exhorte par l'exemple de son père Louis VIII qui a faict la guerre aux Albigeois. *(Datum Ananiæ, 12 kal. novembr. pontif. anno 13.) (sub plumbo.)*

N° 2.

Bulle d'Innocent IV au roy qui est une responce que faict le pape sur ce que le roy lui avoit envoyé des ambassadeurs pour le faict du comte de Thoulouse lequel en sa faveur il a receu *ad gratiam Sedis apostolicæ,* il loue sa piété et celle de ses prédécesseurs. *(Later. 2 id. de décembr. anno 1, sub plumbo.)*

Bulles pour faire lever des Interdits.

Trois bulles seulement sont classées sous cette désignation. Voici le n° 1. — Page 513.

Bulle du pape Nicolas à deux cardinaulx venant en France qu'ils ayent à faire lever l'interdit, qui avoit esté mis en quelques lieux par l'archevesque de Sens pour quelques excez commis par aucuns baillifs et procureurs royaux contre le chapître de Chartres. *(Anno 3 pont. Sub plumbo.)*

La classification qui suit est celle-ci :

Lettres du roy sainct Louis pour le gouvernement de son Royaume, allant outre mer substitue quelques uns à ceulx qu'il avoit nommez pour le gouvernement de son Estat, au cas qu'ils vinsent à décéder avant son retour.

On y relève notamment les deux chartes ainsi conçues :

N° 1. — Page 514.

Lettre du roy sainct Louis allant outre-mer par laquelle il déclare que sy Mathieu abbé de Sainct Denis qu'il a choisy et nommé avec Simon de Nesle pour gouverner l'Estat en son absence, viennent à décéder, il veut que Philippe évesque d'Evreux gouverne en son lieu. *(A Paris, l'an 1269, au mois de mars, scellée.)*

N° 2.

Pareilles lettres dudict roy et de mesme datte au cas que ledict Simon de Neesle vienne à décéder, Jean comte de Ponthieu gouvernera en son lieu. *(Scelléez.)*

Contre les blasphémateurs.

Les chartes qui se réfèrent à cette matière sont au nombre de trois :

N° 1. — Page 527.

Bulle de Clément IV au roy sainct Louis se plaignant de la quantité des blasphesmes qui se commettent en France :

Prie le roy de vouloir establir des paines temporelles contre les blasphémateurs, sans toutefois vouloir user contre eux d'aucune mutilation de membres ny paines de mort, exclure la censure canonique ny faire préiudice à la constitution du pape Grégoire son prédécesseur, *sed auxilio mutuo utrumque gladium adjuvandum et spiritualis mannalem dirigat et mannalis spiritualem fulciat et sustentet. (2ᵉ id., August. pontif. anno 4, sub plumbo.)*

Il parle for du péché de ceux qui disent jurer seulement par coustume, non par dessein de mal faire.

N° 2.

Bulle dudict pape de mesme teneur que la précédente adressante aux nobles et barons du Royaume où à la fin il les exhorte de conseiller le Roy de vouloir purger son royaume de cette mauvaise coustume. *(2. Id. Aug., sub plumbo.)*

N° 3.

Ordonnance du roy, fils du roy de France, duc de Guyenne et dauphin contre tous ceux de ses domestiques qui blasphemeront le nom de Dieu, de la Vierge et des Saincts ou Sainctes ou les gentilhommes prenant gages sont punis, par la privation de leurs gages jusque à quatre fois et sy pour la cinquiesme fois ils tombent en faute, seront chassez de sa cour et les moindres valetz privés du boire et du manger et puis chassez s'ils y tombent pour la cinquiesme fois et ordonne que tous ses domestiques feront serment entre les mains de messire Jean de Neesles chevalier sieur d'Alaisin, son chancelier, de desnoncer ceux qui blasphemeront. *(Le 8 janvier 1469, scellée.)*

Légitimations.

Page 530.

Lettre d'Eudes evesque de Paris confirmative de la bulle du pape Innocent quatriesme par laquelle il légitime les fils et filles que le roy Philippe avoit eus d'Agnès fille du duc de Méranie. *(A Sens, l'an 1201, au mois de janvier, scellée.)*

Chevaliers de Sainct Jean de Hierusalem.

Deux des chartes offrent un intérêt historique :

N° 3. — Page 535.

Vidimus d'une bulle de Clément V au roy l'exortant sur ce qui avoit esté arresté luy présent au concille de Vienne, touchant les droicts des Templiers qu'il permette en son royaume que ceux de Sainct

Jean de Jérusalem soient mis en possession de ces biens et qu'ils puissent en jouir faisant commander à ceux qui y sont par son commandement de se retirer. *(L'an 1312, scellée.)*

N° 7.

Lettre du grand maistre Elion de Villeneufve touchant la grande et urgente nécessité qu'avoit l'ordre pour acquérir Rhodes.

MÉLANGES.

(DEUXIÈME PARTIE.

La seconde layette des Mélanges comprend les chapitres suivants :

— Subsides ;
— Appanages d'enfants de France ;
— Assiette de douaires des Reynes,
— Dons faicts par les Roys et autres grands à plusieurs personnes.

Aucune charte, dans ces différents chapitres, ne mérite d'être mentionnée, sauf le n° 1 des subsides :

N° 1. — Page 567.

Ordonnances faictes par Philippe le Bel, assisté de plusieurs evesques et de plusieurs grands de son royaume touchant l'aide, dont il avoit besoing pour la guerre et est arresté que tous évesques, archevesques, abbés et tous ecclésiasticques exempts et non exempts, les ducs, comtes, barons et damoiselles et autres ayderont le roy quatre mois chacun, cinq cens livres de rente, d'un gentilhomme bien armé et bien monté à cheval de cinquante livres tournois, de chacun cinq cens livres de terres un homme d'armes, quant aux non nobles, cent feux, feront six sergents de pied desquels y aura deux arbalestriers et en considération de ce le roy promet faire dans un an bonne et loyale monnoie de petits tournois et parisis, au poids de la loy et de la valeur de ceux qui auront eu cours du temps de sainct Louis, son ayeul, et ce faisant fera abbaisser ceux qui auront cours. *(A Chasteau Thierry, l'an 1303, scelléez de deux sceaux.)*

MÉLANGES.

TROISIÈME PARTIE.

Dans cette troisième partie, sont inventoriés les *Testaments des Roys et Reynes et grands seigneurs.*

Les plus remarquables sont :

N° 6. — Page 611, v°.

Testament du Roy sainct Louis par lequel ayant ordonné le paiement de ses debtes, il donne à son fils aisné Philippe tout ce qu'il aura le jour de son décedz, tant joyaux argent ustencilles et tout ce dont il n'a poinct disposé et touts ses préparatifs de guerre pour son voyage, luy recommande ses frères Jean comte de Nevers et Pierre à ce qu'il ayt à les tenir comme ses enfans, luy recommande ses serviteurs qu'il en retienne ceux qu'il treuvera propres pour son service, ses exécuteurs Odo, archevesque de Rouen son dict fils Philippe, messire Guillaume de Rampillon archidiacre de Paris, Pierre chambellan, de Bouchand, comte de Vendosme. *(Donné en son navire près Sardaigne, l'an 1270 juillet, scellé.)*

N° 7.

Lettres dudict Roy sainct Louis par lesquelles au lieu de Bouchand, comte de Vendosme et messire Guillaume de Rampillon, archidiacre, décédé qu'il avoit nommé pour exécuteurs de son testament, il nomme Guillaume, doyen de Sainct Martin de Tours et premier archidiacre de Dunois en l'église de Chartres. *(1270 aoust, scellé. Donné au camp près Cartage.)*

N° 40. — Page 623.

Testament du roy Charles VI, par lequel ayant ordonné sa sépulture à Sainct Denis, il faict plusieurs fondations pour faire prier Dieu pour luy comme à la Saincte Chapelle de Paris, au bois de Vincennes et collèges de Navarre et autres legs pies, donne trois cents livres pour faire prier Dieu pour Bertrand Duguesclin, connestable de France, faict plusieurs legs à ses officiers domestiques les plus pauvres, donne à ses valetz de chambre ses robbes, fors celles fourrées d'hermine, nomme ses exécuteurs les ducs de Berry et de Bourgongne ses oncles, le duc d'Orléans son frère, le duc de Bourbonnois son oncle, Arnaud de Corbie chancelier de France, l'évesque d'Auxerre son confesseur, messire Jean Cavard évesque d'Arras, le vicomte de Melun, Guillaume des Bordes, Philippe de Savoisy chevalier, ses chambellans, messire Pierre d'Ailly son ausmonier, messire Jean Creté et Renaud de Coulons, maistre des comptes et Mathieu de Lignières son trésorier. Ordonne que les loix faictes par le roy Charles, son père, sur l'aagement et le gouvernement de l'aisné fils de France et sur le douaire de la Reine et sur l'appanage des autres enfans de France seront exécutez et entretenus. (A Paris, en janvier 1392, scellé.)

Viennent ensuite les testaments de ceux de la maison de Lezignan, des comtes de la Marche et d'Angoulesme.

MÉLANGES.

(QUATRIÈME PARTIE.)

Il est à remarquer, dans cette quatrième partie :

N° 1. — Page 686, v°.

Bulle d'or de l'empereur Frédéric second roy de Jérusalem et de Sicille, adressée aux François, disant que plusieurs papes et celuy qui estoit au siége ont prétendu, par usurpation, avoir pouvoir de primer l'empereur les roys et autres princes de leurs estatz et dispenser les subjects du serment de fidélité.

Que pour mettre ordre à ces abus il envoye messire Pierre de Vinea, *magna curiæ nostræ judicem* vers Louis roy de France, pour le prier d'assembler les pairs layz de son royaume et autres nobles pour adviser à ces entreprises et ouir ses droictz.

Que s'il ne lui plaict de luy donner son advis, qu'il le suplie de ne poinct ayder le pape de gens ny d'autres choses, ne le retirer en son royaume.

Que sy le roy, par l'advis de ses princes, trouve qu'il le doibve assister à faire réparer les griefs qui luy ont esté faicts et spécialement faire revocquer ce qui a esté faict contre luy au concile de Lyon, il promet de croire le Roy du différend qu'il a contre le pape et d'en passer par où il ordonnera en l'assemblage de ses nobles ayant auparavant ouy ses droictz et de l'empire promettant, la paix faicte entre luy et l'esglise, de faire retirer les Lombards comme ils y seront obligez après son commandement et d'accompagner le roy en la guerre d'outre mer et d'y envoyer son fils Conrad, esleu roi des Romains, et héritier du royaume de Jérusalem.

(*Donné à Crémonne, le 22 septembre, quatre indictions* sub bullâ aureâ, *à sceau de laquelle sont ces mots* : Roma, caput mundi, regit orbis fræna rotundi.)

Sous ce titre : *Pour l'union de l'Eglise grecque avec la latine,* on relève la charte suivante :

Page 688, v°.

Lettre des Cardinaux de l'Eglise Romaine, le siége vaccant au roy sainct Louis luy mandans qu'ils ont eu très agréable l'ambassade de Eustache d'Attrebato et Lamber de la Cousture, frères mineurs, venus de sa part, qui ont représenté que l'empereur des Grecs Paléologue lui avoit faict entendre qu'il désiroit unir l'église grecque à la latine, qu'il ne vouloit avoir en ce faict autre arbitre que ledict Roy, le priant et conviant de vouloir prendre cette paine que sagement ledict Roy n'avoit voulu entreprendre cet accord qu'il appartenoit au Sainct Siége de le faire et eux, *sede vaccante*. Qu'il les avoit priés de sa part de vouloir commettre cette affaire au légat du Sainct Siége, évesque d'Albe.

Que ce mesme faict avoit esté traicté par ambassadeur du temps d'Urbain septiesme par deux frères mineurs Simon de Alverniâ et autres qui n'arrestèrent que quelques articles.

Urbain septiesme décédé, Clément quatriesme luy succéda auquel l'empereur grec envoya ses ambassadeurs qui communiquèrent avec luy et furent commis quelques cardinaux pour disputer avec eux.

Mais ils dirent qu'ils n'estoient venus pour cela mais seulement pour approuver ces articles.

Que sur ce le pape Clément escrivit à l'empereur grec lui manda ce qu'il falloit qu'il fist pour terminer ce bon dessein, lui envoyant aussy la profession de foy telle qu'il la debvoit faire et tout son peuple au cas qu'il voulust servir à l'église Romaine offrant de luy envoyer des personnes pour luy esclaircir ce dont il pourroit doubter, qu'il estoit prest de faire assembler un concile pour plus grande sureté ou ledict Empereur envoyeroit ; c'est pourquoi ils trouvent très bon et très à propos d'envoyer vers ledict Empereur, celuy destiné par le roy, tant de leur part que du roy et poursuivant les derniers errements du pape Clément, faire jurer audict Empereur et à tout le peuple la profession de foy que le pape Clément lui avoit envoyéz; insérant ausdictes lettres la promesse et serment de l'empereur de l'entretenir et spéciallement la recognoissance de la primauté de l'église Romaine.

Pour fin, supplie le roy de vouloir embrasser ceste affaire adjoustant qu'ils ont instruict ledict légat de ce qu'il debvoit faire.

(Donné à Viterbe id. May, l'an 1270. Sede vacante, dix huict sceaux de cardinaux.)

MÉLANGES.

(CINQUIÈME ET DERNIÈRE PARTIE.)

La cinquième partie des mélanges se subdivise en trois chapitres principaux : 1° *de mutuis ultrà marinis ou obligations faictes en la terre d'outre mer ;* 2° *Croisades* ou *passages d'outre mer ;* 3° *Sacs des bulles des croisades.*

De mutuis ultrà marinis ou obligations faictes en la terre d'outre mer.

On relève, sous cette rubrique, une série de chartes constatant les obligations contractées par le roy saint Louis et les seigneurs de sa suite pour subvenir aux dépenses d'outre mer. 'Sans intérêt.'

Croisades ou *passages d'outre mer.*

N° 1. — *Page 778.*

Lettre de l'Empereur Frédéric II, Roy de Sicille et de Hierusalem, portant sauf conduict à touts marchands tant de l'empire de ses royaumes de France et autres parties, d'aller en la terre Saincte avec le roy Louis roy de France avec pouvoir de porter bled et autres provisions nécessaires, à condition que les provisions ne seront diverties aillieurs. *(Donné à Lucerra, l'an 1246, au mois de novembre.)*

N° 2.

Lettre de P. archevesque de Césarée et Henry evesque de Nazareth et des abbéz du Temple de Nostre Seigneur du mont de Sion, de la vallée de Josaphat, du mont Olives, du mont de Tabort et de nostre Dame de Cunna au roy de France Philippe luy représentant les misères de la terre Saincte et qu'il n'est resté que deux villes Tyr et Accon tellement affligées de ruines par Conradin, qu'il ny reste plus que peu de chose, les habitants s'étant retiréz en Cypre et Arménie et autres lieux demandant leurs vies; bref que le roy de Jérusalem est réduict à très grande nécessité. Pour fin, le supplient de les vouloir assister. *(Le premier jour d'octobre, scellée de neuf sceaux.)*

N° 3.

Vidimus des lettres du roy Philippe le Long à tous les baillifs et sénéschaux de son royaume pour faire assigner les prélatz, abbéz et autres personnes d'église, barons et nobles du royaume pour se trouver à Paris, à certain jour, pour adviser sur le passage d'outre mer et autres affaires concernant la paix du royaume. *(Le 8e de mars, l'an 1316, scelléez.)*

SACS DES BULLES DES CROISADES.

(PREMIER SAC.)

Bulles du pape Urbain IV.

N° 1. — Page 779.

Bulle donnant pouvoir et faculté au provincial des frères prescheurs de France qui preschoit la croisade de contraindre, par censures ecclésiastiques, tous les exécuteurs de testament et autres qui sont au lieu où son pouvoir s'estand de luy délivrer touts les legs faictz pour le secours de la terre Saincte, sans avoir esgard à aucuns empeschements. *(A Viterbe, Id. may anno 1º, sub plumbo.)*

N° 2.

Bulle ausdict provincial de donner indulgence à

ceux qui donneront pour le secours de la terre Saincte. *(Le 17ᵉ de juin, anno 1º, sub plumbo.)*

Nº 3.

Bulle à Gille archevesque de Tyr qui avoit pouvoir de prescher la croisade en France et autres lieux y spécifiéz par laquelle le pape Urbain renouvelle en luy la bulle du pape Innocent troisiesme commancant *ad liberandam terram* qui contient les privilleges et pouvoir de ceux qui se croisent et comme tout le monde y contriburoit que ceux qui se croisent sont exemptz de toutes tailles et collecte, tant qu'ils seront en l'expédition et leurs biens sont à la protection de sainct Pierre et du pape. Qu'ils ne payeront poinct d'interestz de leurs debtes et que les Juifs seront contraincts les leurs remettre. Que les prélatz seront griefvement punis qui n'auront faict rendre justice aux croisez ny à leur famille. Excommuniéz les pirates et corsaires qui empescheront les croisez et ceux qui leurs favoriseront et les mauvais chrestiens qui fournissent armes et auttres choses aux Infidelles, ceux qui ne pourront aller, ains seulement y envoyeront à leurs despens, jouissent de pareils privilleges. *(Apud Urbem veterem, 4ᵉ kal. aprilis, anno 2º, sub plumbo.)*

Nº 5.

Bulle audict archevesque de Tyr pour déposer en

quelque lieu seur l'argent qu'il aura amassé *pro Redemptionibus votorum cruce signatorum*, des legs et de toutes les subventions pour la terre Saincte. *(Le 7e jour de may anno 3º, sub plumbo.)*

N° 7

Bulle de pouvoir audict archevesque de donner l'absolution aux religieux de tous ordres qui seront entrés en leurs ordres par simonies. *(Le 4e des kal. de may, anno 2º sub plumbo.)*

N° 13.

Bulle donnant pouvoir audict archevesque de donner absolution à ceux qui auront mis la main violente sur les clercs prestres et religieux et aux incendiaires qui auront excommunication pourveu qu'ils se croisent et qu'ils aillent personnellement en la terre Saincte ou qu'ils y envoyent à leurs despens. *(Apud Urbem veterem, 7e kal. may, anno 2º, sub plumbo.)*

N° 14.

Bulle donnant pouvoir audict archevesque de donner aussy pouvoir à ceux qu'il commettra pour la prédication de la croisade d'excommunier ceux qui s'y opposeront. *(Le cinquiesme des kalendes de may, anno 2º.)*

N° 21.

Bulle donnant pouvoir audict archevesque de Tir de contraindre ceux qui retiennent les legs faicts à la terre Saincte, les subventions et autres choses. *(Anno 3°, sub plumbo.)*

N° 30.

Bulle du pape Martin à tous les ecclesiastiques de France d'exhorter le peuple par prédications et de persuader ceux qui feront leurs testaments de contribuer ce qui sera de leurs moyens, pour le secours de la terre Saincte. *(Apud Urbem veterem, non. octobris, anno 1°, sub plumbo.)*

N° 32.

Bulle addressante à l'archevesque de Bourges pour contraindre ceux qui auront cognoissance, soit par confession ou autrement de relever les legs faicts pour la croisade. *(Anno 2°, sub plumbo.)*

(DEUXIÈME SAC.)

Grosse liasse. — N° 5. — Page 791.

Trois bulles du pape Urbain IVe à sainct Louis prenant luy et son royaume en la protection de sainct

Pierre et la sienne, tant qu'il sera en son expédition de la terre Saincte. *(A Viterbe, le 13 juin, anno tertio, sub plumbo.)*

Bulle dudit pape aux ecclésiastiques de France leur représentant la misère de la terre Saincte et le desseing qu'a le roy sainct Louis d'y aller pour la deuxiesme fois, avec ses trois enfans et plusieurs barons; que pour cet effect il a besoing de grands deniers les exhortent de contribuer la décime ordonnée au mois de may anno 3º, dict qu'à l'imitation de Dieu *filiis suis non parcit.*

Trois bulles du pape Clément cinquiesme touchant la décime pour six ans arrestée par le concile général de Vienne. Ordonne qu'elle sera levée en France sur tous les ecclésiastiques, fors sur ceux de Sainct Jean de Jérusalem et les chevalliers Teutons. *(Anno 8º, sub plumbo.)*

La dernière partie du second volume contient l'inventaire des chartes relatives à des *eschanges, accords et traittés entre les roys et les principaux seigneurs de France.* Elle offre au point de vue du présent livre moins d'intérêt.

CHAPITRE XIII.

CHRONOLOGIE DES ACTES CONCERNANT LA SAINTE CHAPELLE.

Nous croyons devoir résumer ici, dans leur ordre chronologique, les différentes ordonnances, décisions législatives, arrêts, qui n'ont pu jusqu'ici trouver place dans le corps de ce volume, auquel elles serviront des pièces justificatives pour le lecteur :

(1154.) — *Fundatio Capellæ Beatæ Mariæ.*
(1166.) — *Fundatio Capellæ Beati Nicolai in Palatio Parisiensi.*

(1243.) — *Privilegium quo personæ in sanctâ Capellâ institutæ et instituendæ non possunt excommunicari, suspendi vel interdici.*

(1245.) — *Prima fundatio Sanctæ Capellæ Parisiensis.*

(1247.) — *Litteræ Balduini Imperatoris de SS. Reliquiarum concessione.*

(1248.) — *Secunda fundatio Sanctæ Capellæ* (Saint Louis à Aigues-Mortes. — Août).

(1256 à Paris.) — *Litteræ Beati Ludovici de octo modis frumenti percipiendis in præpositurâ Senonensi pro distributione panis.*

(1270.) — *Litteræ Beati Ludovici quibus præcipit quod Magister Capellanus duplum percipiat in distributionibus et grosso.*

(1271). — *Fundatio Capellaniæ Beati Ludovici* (Philippe à Châteauneuf-sur-Loire).

(Décembre 1275.) — *Litteræ Philippi Regis de liberatione panis, vini faciendâ, canonicis S. Capellæ, præsentibus Rege, Reginâ et liberis ipsorum.*

(Septembre 1278, à Villeneuve.) — *Litteræ Regis Philippi de assignatione septingentarum librarum annui reditûs.*

(Juin 1278; Nicolas, à Viterbe.) — *Privilegium quo clerici Sanctæ Capellæ possint à quibuscumque maluerint catholicis episcopis ad omnes ordines promoveri.*

(1282 février. Paris.) — *Litteræ Regis Philippi de sexaginta solidis Paris censibus pro robâ Capel-*

laniæ Sancti Ludovici in Castello Parisiensi assignatis.

(1289, décembre. Paris.) — *Fundatio Capellaniæ S. Clementis Martyris.*

(1290.) — *Litteræ super pace et concordia factis inter Magistrum Capellanum et alios Capellanos principales.*

Septembre 1291.)—*Fundatio Capellaniæ sancti Blasii* (Philippe à Breteuil).

(Octobre 1301.) — *Fundatio Capellaniæ SS. Nicolai et Ludovici* (Philippe à Senlis).

(Mai 1304.) — *Privilegium quo canonici Capellani et clerici chori degentes in Sanctâ Capellâ, à quâcumque jurisdictione ordinariâ sunt exempti et quo thesaurarius habet curam et jurisdictionem eorumdem ; item quo residendo in dictâ Capellâ percipiunt fructus omnium aliorum beneficiorum suorum* (Viterbe).

(Mars 1306.) — *Litteræ Philippi Regis quibus præcipit quod in translatione Beati Ludovici per Fratres eremitas S. Augustini solemne servitium S. Capellæ possit et debeat solemniter celebrari* (Philippe à Paris).

(Mai 1313.) — *Fundatio Capellæ SS. Michaelis et Ludovici* (Philippe à Poissy).

(Avril 1316.) — *Litteræ de viginti novem libris Capellano SS. Nicolai et Ludovici noviter assignatis* (Louis à Vincennes).

(Janvier 1317.) — *Litteræ Regis Philippi quibus Ca-*

pellano SS. Michaelis et Ludovici subtùs coquinam oris Regii domus conceditur.

(Avril 1317.) — *Litteræ Regis Philippi quibus ad lumina ceræ, telarum S. Capellæ provisionem thesaurario quadringentas libras Parisiensis annui redditûs tradi præcipit* (A Paris).

(Avril 1318.) *Fundatio Capellaniæ S. Joannis Evangelistæ in Sanctâ Capellâ Parisiensi* (Philippe à Paris).

(Juin 1318.) — *Fundatio Regis Philippi V (Longi) in Sanctâ Capellâ* (Paris).

(Juin 1318). — *Litteræ Regis Philippi pro assignatione panis quinque novis præbendis* (Philippe à Paris).

(Juillet 1319.) — *Prima fundatio Cantoris* (Philippe à Longchamp, près Saint-Cloud).

(Mars 1319.) — *Secunda fundatio Cantoris* (Philippe à Paris.)

(Juin 1320.) — *Litteræ Philippi Regis de assignatione reddituum Cantoris S. Capellæ* (A Paris).

(Août 1320.) — *Privilegium quo Portarius, Conciergius, Giardinarius, duo custodes vigiliarum Palatii et omnes familiares Canonicorum jurisdictioni Thesaurarii subduntur* (Jean, pape à Avignon).

(Septembre 1322.) — *Litteræ Regis Caroli quibus in festo Inventionis S. Crucis, Fratres ordinis B. Mariæ de Monte-Carmelo Parisiensis in perpetuos Capellanos B. Capellæ ordinantur* (Charles, à Paris).

(Mai 1324.) — *Litteræ Regis Caroli quibus ordina-*

tur quod Magister, fratres et sorores domûs Dei Parisiensis trecentas quadrigatas lignorum in perpetuum habeant et percipiant. (A Saint-Germain-en-Laye).

(Juillet 1327). — *Litteræ Regis Caroli pro assignatione centum librarum Parisiensium annui redditûs in Præpositura Bajoceni pro quinque novis Canonicis* (Paris).

(Janvier 1328). — *Litteræ Regis Philippi de trecentarum quadrigatarum lignorum confirmatione factâ Magistro, fratribus et sororibus domûs Dei Parisiensis* (A Vincennes).

(Février 1331.) — *Litteræ Regis Philippi pro assignatione quadraginta octo librarum annui redditûs* (A Paris).

(Juillet 1339). — Fondation de la Chapelle de Saint-Venant, martyr *(Philippe à Conflans-lez-Paris)*.

(Septembre 1344.) — *Statutum de officio faciendo annuatim in festo Exaltationis Sanctæ Crucis.*

(Janvier 1371.) — *Ordinatio Regis Caroli de almutiis à Canonicis deferendis* (A Paris).

(Avril 1380.) — *Privilegium quo Thesaurarius Sanctam Capellam reconciliare valeat* (Clément, à Avignon).

(Mai 1380.) — *Privilegium quo Pontificalibus insigniis S. Capellæ thesaurarius uti possit et solemnem benedictionem super Clerum et populum elargiri* (Clément à Avignon).

(Janvier 1385.) — *Privilegium quo ministri Capellæ in eâ residentes et qui Parochiales ecclesias possident ad quascumque synodos personaliter accedere minimè tenentur* (Clément à Avignon).

(Juillet 1401.) — *Prima reformatio Sanctæ Capellæ* (Charles VI à Paris).

(Octobre 1402.) — *Litteræ Regis Caroli de fundatione horarum* (à Paris).

(Mai 1405.) — *Litteræ Regis Caroli de Cantoriâ electivâ* (à Paris).

(Juin 1407.) — *Statutum Regis Caroli de introitu et exitu horarum Canonicarum* (à Paris).

(3 Décembre 1409.) — *Litteræ Regis Caroli quibus S. Capellæ canonici Capitulum facere et actus Capitulares exercere prohibentur* (A Paris).

(Octobre 1410.) — *Statutum Regis Caroli VI de thesaurariâ non conferendâ alteri quàm sacerdoti* (A Paris).

(12 Mars 1411.) — Arrêt du Parlement de Paris, relatif à la réception des nouveaux Chanoines de la Sainte-Chapelle.

(20 Septembre 1413.) — Arrêt du Parlement interprétant le précédent.

(3 Août 1416.) — Arrêt du Parlement décidant, entre Mᶜ Jacques-Charles de Bourbon, Trésorier de la Sainte-Chapelle du Palais-Royal à Paris, d'une part, et les Chanoines de ladicte Sainte-Chapelle, d'autre part, que toutes les fois que le Trésorier voudra aller dehors de la ville de Paris pour être absent six ou sept

jours ou plus, il sera tenu de constituer, par lettres, l'un des Chanoines qui lui plaira pour son vicaire, avec puissance de recevoir, pendant son absence et non autrement les nouveaux Chanoines, Chapelains et Clercs de la Sainte-Chapelle, en la manière accoutumée, si aucuns en faut recevoir et pour traiter des besognes communes touchant le temporel et autres choses de la Sainte-Chapelle.....

(23 décembre 1414.) Transaction homologuée au Parlement portant que le Chapelain de Saint-Michel du Haut-Pas jouira en propriété des maisons des Francs-Mureaux à la charge de payer aux Trésorier et Chanoines de la Sainte-Chapelle treize muids et demi de vin de mère-goutte et vingt livres de rente au Chapelain de Saint-Louis.

(7 Janvier 1488.) — Lettres concernant le don de l'hostel commun des Chapelains et Clercs des Trésoriers et Chanoines *(Charles à Paris)*.

(1495.) — Confirmation du statut de Charles VI par le Concile de Constance *(Sede Vacante)*.

(8 avril 1510.) — Lettres concernant la nomination des Maîtres de musique et de grammaire de la Sainte-Chapelle.

(1520.) — *Secunda reformatio Sacro Sanctæ Capellæ* (François à Romorantin).

(26 février 1522.) — Lettres du Roi concernant le logement des Chapelains et Clercs, des Trésorier et Chanoines *(François Ier à Saint-Germain-en-Laye)*.

(29 Mai 1526.) — Lettres du Roi portant ordre d'abat-

tre les maisons et loges basties, joignans et attenans à la Sainte-Chapelle la grand'salle du Palais, Chambre du Trésor et autres lieux sur les carreaux de la Cour du Palais, par gens méchaniques et de mestiers *(François I*er *à Saint-Germain-en-Laye).*

(18 Mars 1533.) — Lettres données à Paris par François I*er*, portant consignation des clefs des Saintes-Reliques, estaux en la Sainte-Chapelle entre les mains de Messire François de Montmorency, seigneur de la Rochepot, bailly et concierge du Palais. — Au registre de la Chambre des Comptes il est constaté que sur le vu et en exécution desdites lettres-patentes, dame Michelle Gaillard, veuve de feu messire Florimond Robertet, en son vivant chevalier, conseiller du Roi et trésorier de France donne et délivre audit seigneur de la Rochepot huict clefs en deux trousseaux, qu'elle disoit estre toutes les clefs, estans en sa possession, d'icelles Reliques, affirmant n'en avoir autres. — Lesquelles huict clefs icelui de la Rochepot a receues et, en ce faisant, fourni ladicte décharge ès mains d'icelle dame (1).

(1) Le recueil de la Cour de Cassation : *la Sainte-Chapelle,* mentionne encore diverses ordonnances relatives aux chanoines et au trésorier; nous nous bornons à en mentionner les dates : mars 1287-1289; — mars 1316; — 5 mars 1340; — sur les comptes, 1390; — sur l'ordre du service, 1395; — sur le contre-seing placé dans le Trésor (11 décembre 1398); — sur les absences pour cause de santé, 1399; — statut portant défense de porter patins, ni galoches en bois, à la Sainte-Chapelle durant le service (3 juillet 1475).

(Le 7 août 1566.) — Le Parlement de Paris, sur la requête présentée à la Cour par MM. les Trésorier et Chanoines de la Sainte-Chapelle, a ordonné et ordonne que les supplians, comme domestiques de la Maison du Roi, jouiront, tant en général pour les affaires concernant ladicte Sainte-Chapelle, qu'en particulier pour leurs autres bénéfices, biens et revenus du privilége à eux octroyé par les Rois prédécesseurs, — *de committimus* ès Requêtes du Palais, comme ils faisoient avant l'édit sur le fait de la Justice, naguères publié en ladicte Cour, sans fraude, résidans par eux et faisant le service divin ordinaire et accoutumé comme ils sont tenus et ont juré à leur réception. — Déclaration et permission à Louys de Brézé, Evesque de Meaulx et trésorier de la Sainte-Chapelle du Palais à Paris, qu'en faisant l'ouverture de l'ancienne muraille du Palais, qui clost le logis qu'il y a à ceux de sa dite thrésorerie, attendu qu'il est nécessaire pour l'aisance du pont commencé près les Augustins de Paris, passer et ouvrir son jardin et closture, pour faire une rue qui aille gagner le pont Saint-Michel, qu'il soit laissé une huisserie ouvrant sur ladite nouvelle rue, affin qu'il puisse passer et repasser en une tour qui lui appartient, séparée de son dit logis par ladite nouvelle rue, avec permission audit de Brézé et auxdits trésoriers de bastir sur ladite tour et ancienne muraille et escortez de ladite tour *(Du 27 novembre 1581)*.

(23 avril 1584.) — Permission à Philippe (1) Desportes, chanoine de la Sainte-Chapelle de rebastir au profit de ladite prébende, dont il est pourveu une maison annexée à ladite prébende, dont elle faisoit partie, pour faire une rue, pour aller du pont Saint-Michel au pont des Augustins et à cet effet de la fieffer et donner à bail et deniers d'entrée et à cette fin de faire ouverture à la closture de ladite nouvelle rue, et y faire une porte à l'instar de celle qui est au logis de la Thrésorerie, sur ladite rue.

(24 janvier 1585.) — Cession à titre de vente à noble et discrette personne Me Philippe Desportes, chanoine prébendier de la Sainte-Chapelle du Palais-Royal à Paris, d'une place retranchée de la maison canoniale dudit chanoine, dont une partie auroit esté prise pour faire la rue Neufve, qui va au pont Saint-Michel, donnée par le Roy, audit an cy devant, audit Desportes à honorable homme Jacques Le Roy, maistre maçon en l'office de maçonnerie à Paris, pour la somme de 240 escus employés par ledit Desportes en réparation de la maison canoniale, à la charge de payer 100 sols de rente audit Desportes et aux chanoines ses successeurs.

(1630.) — Expertise des vignes appartenant à la Sainte-Chapelle de Paris, exploitées par les moines de Saint-

---

1) Bibliothèque nationale de Paris.—Manuscrit latin (17,108).

Nicaise (1). — Demêlés entre les chanoines de la Sainte-Chapelle et leurs fermiers ou adjudicataires des dîmes.

(15 septembre 1657.) — Sentence arbitrale rendue par messire François Bosquet, conseiller ordinaire du Roi en ses conseils, évesque de Lodève, nommé, par Sa Majesté à l'évesché de Montpellier ; de Lavaure, conseiller du Roi en sa grand'chambre du Parlement de Paris, François de Montholon et Jean de Gomont, avocats audit Parlement sur le procès pendant entre messire Claude Auvry, conseiller ordinaire du Roi en ses conseils, évesque de Constance et thrésorier de la Sainte-Chapelle du Palais-Royal à Paris, d'une part et maistres Jacques Barrin, chantre; Christophe Barjot, Claude Violart, Jean Veillot, Thomas Gobert et Charles Tarpin, tous chanoines de ladite Sainte-Chapelle d'autre part. (Plus, divers factums pour les chapelains perpétuels contre les chanoines.)

(11 septembre 1665.) — Arrêt rendu par la chambre des vacations du Parlement de Paris homologuant une transaction passée entre les Mathurins et les religieux de Sainte-Catherine du Val des Ecoliers.

(7 septembre 1668.) — Arrêt ordonnant que les religieux de Sainte-Catherine du Val et les religieux Mathurins seront tenus, la veille et le jour de l'Exalta-

---

(1) Notes relevées sur le registre du baillage de Saint-Nicaise, déposé aux archives de Reims (1620 à 1783).

tion de la sainte Croix, de se rendre en l'église de la Sainte-Chapelle, pour y faire et continuer le service divin; chanter les premières vespres et la grand'messe, assister à la procession et ce, alternativement d'année en année; sçavoir lesdits religieux Mathurins la présente année et lesdits religieux de Sainte-Catherine du Val, l'année prochaine et consécutivement d'année en année.

(19 mai 1681.) — Décision du Conseil d'Estat du Roi, Sa Majesté y estant, tenu à Versailles homologuant la sentence arbitrale du 15 septembre 1657, et ordonnant qu'elle sera exécutée selon sa forme et teneur.

(4 mars 1683.) — Décision du Conseil d'Etat du Roi, Sa Majesté y étant, tenu à Versailles, signé Colbert prescrivant l'exécution de la sentence arbitrale du 15 septembre 1657, et de l'arrêt du 19 mai 1681, 4 mars 1683, qui doivent servir de chartres dens la Sainte-Chapelle. *(Donné à Villers-Cotterets. — Signé* : Louis. — *Visa :* Le Tellier. — *Par le Roy :* Colbert. — *Scellé du grand sceau de cire verte. — Registré le 14 juillet 1684.)*

(29 septembre 1690.) — François par la grâce de Dieu et du Saint-Siége, archevêque de Paris, permet à M. de Harlay, premier Président, tant pour lui que pour sa famille et autres personnes qui demeurent et demeureront en sa maison, de faire tous actes de paroissiens en la Sainte-Chapelle et basse Chapelle du Palais et de recevoir les sacremens de l'Eglise par le

sieur trésorier ou son vicaire en ladite basse Sainte-Chapelle.

(17 décembre 1673.) — Procès-verbal dressé dans la basse Sainte-Chapelle, pour faire cesser le trouble du service divin, causé par une contestation entre les maîtres de confrérie des tapissiers hautelissiers et les courtepointiers, pour le pas et la séance au banc de l'œuvre et pour la garde de l'argenterie (1).

(30 mars 1679.) — Jour du jeudi saint à minuit, procès-verbal dressé parce que des vivandiers établis aux environs et jusque sur les murs de la Sainte-Chapelle y débitaient sur des tables, des poissons cuits, d'autres vivres et du vin, sous prétexte d'en fournir aux pèlerins et aux malades d'épilepsie, mais qui en fournissaient à tous les libertins et vagabonds, qui s'y présentaient pour boire et manger, ce qui causait un fort grand scandale, souvent des querelles, des jurements et toujours beaucoup de trouble au service divin.

(7 février 1685.) — Plainte du curé de la Sainte-Chapelle contre le sieur curé et le clergé de Saint-Barthélemy, touchant l'enlèvement et l'inhumation précipitée du corps d'un particulier mort dans une maison de la Trésorerie de la Sainte-Chapelle, contentieux entre ces deux paroisses.

(1) Bibl. nationale. — Manuscrits. — Collection Delamarre; Fr. 21,594.

(1685.) — Procès-verbal en la maison du sieur Sonnet, l'un des chantres de la Sainte-Chapelle, interrogatoire de Louis Martin, chirurgien de la religion prétendue réformée, fugitif de son pays et son emprisonnement au Châtelet.

(18 août 1706). — M. de Saint-Georges, archevêque de Lyon, Phelyppeaux, évêque de Lodève et le Père de la Chaise, confesseur de S. M., commissaires délégués par le Roi, après examen des titres produits, estiment qu'il y a lieu, sous le bon plaisir du Roi, d'ordonner que le trésorier de la Sainte-Chapelle de Paris conformément aux jours marqués par l'acte de fondation *(novembre 1379. Bulle du pape Clément VII à Avignon, 28 mars 1380)*, fera la visite personnellement de la Sainte-Chapelle et du Chapitre de Vincennes, sans pourtant que ledit sieur trésorier de la Sainte-Chapelle de Paris puisse exercer aucune juridiction ni droits de supériorité sur le trésorier et Chapitre de la Sainte-Chapelle de Vincennes; que lorsque ledit sieur trésorier de la Sainte-Chapelle de Paris y fera sa visite, il sera revêtu de ses habits ordinaires qu'il porte au chœur de la Sainte-Chapelle de Paris; qu'il sera reçu à la porte du Chapitre de Vincennes, par deux chanoines députés par ledit Chapitre; qu'il lui sera donné un fauteuil dans le lieu le plus honorable, sans toutesfois faire déplacer le trésorier de la Sainte-Chapelle de Vincennes.

(Le 21 août 1706.) Au Conseil d'Etat du Roi, tenu à Marly, Sa Majesté y étant, l'avis qui précède est approuvé pour être exécuté en son contenu et il est, à la requête du sieur Bochart de Saron, trésorier de la Sainte-Chapelle Royale de Vincennes, notifié au sieur Bochart de Champigny, trésorier de la Sainte-Chapelle du Palais à Paris, par Maré, huissier ordinaire du Roi en ses conseils.

(28 janvier 1730.) Décision du Conseil d'Etat, tenu à Versailles, le Roi y étant intervenu au rapport du sieur Daguesseau de Fresne, maître des Requêtes, portant règlement sur la résidence, le service, les gros et grains dûs aux chanoines pour leur assistance aux offices de jour et de nuit, célébrés dans la Sainte-Chapelle *(Charte de Charles VI, juin 1407)*.

(3 avril 1739.) Arrest du Conseil d'Etat, séant à Versailles, attribuant à la Chambre des Comptes, l'administration de plusieurs maisons sises rue Neuve Saint-Louis, dépendantes de la Sainte-Chapelle, louées par baux à longues années.

(18 décembre 1740.) — Déclaration du Roi portant qu'en conformité de la décision Royale du 7 janvier 1681, les trésoriers, chanoines et autres bénéficiers de la Sainte-Chapelle à Paris ne puissent posséder conjointement avec leurs dignités, canonicats ou autres bénéfices, aucuns bénéfices à charge d'âmes ou sujets, par quelque titre que ce soit, à la résidence dans d'autres églises; et en cas qu'ils

soient pourvus, seront tenus de faire l'option de celui qu'ils voudront conserver.

(15 mars 1766.) — L'arrêt de la Cour du Parlement intervenu entre les chantres, chanoines et le trésorier de la Sainte-Chapelle, sur les conclusions de Barentin pour le Procureur-Général, ordonne que les deniers communs seront renfermés sous deux serrures de deux clefs différentes et ne pourront être employés au paiement des dépens, frais des procès entre les membres et le chef de la Sainte-Chapelle.

(9 mars 1776.) — Nicolas de Vichy-Chamron, trésorier de la Sainte-Chapelle, confère à Joseph-Louis Marnat la Chapelle de Saint-Michel et de Saint-Louis placées dans la Chapelle-Basse du Palais et la Chapelle des saints Come et Damiens, dans l'église Paroissiale de Saint-Gervais à Paris.

(11 mars 1787.) — Arrêt du Conseil d'Etat du Roi mettant en séquestre les biens et droits de divers chapitres ou collèges à supprimer, notamment et d'abord des Saintes-Chapelles de son Palais à Paris et de Vincennes ; pour les ramener à la destination primitive de leurs fondations et procurer ainsi un soulagement considérable aux finances de S. M.

(22 janvier 1789.) — Jugement souverain des Requêtes de l'Hôtel, portant règlement pour les *committimus*, des corps et des communautés, qui ne l'ont pas par état.

(1 février 1785.) — M. Dedun, ancien procureur au Parlement, demeurant à Paris, rue de Fourcy (1), paroisse Saint-Paul, vend au Roi, représenté par M. André-Charles-Débonnaire de Forges, intendant au département des domaines et bois, seize maisons appartenant à divers propriétaires, situées rue de la Barillerie et faisant face aux murs actuels du Palais, à partir de la rue de la Calandre, jusqu'à celle qui conduit au Marché-Neuf, pour procurer à cette rue une largeur de 36 pieds du pont au Change au pont Saint-Michel.

(1) Bibliothèque nationale. — Manuscrits. — (Suppl. Français, 17,734.)

CHAPITRE XIV.

BIBLIOGRAPHIE DE LA SAINTE-CHAPELLE.

Manuscrits et ouvrages imprimés.

1. *Sceaux de la Sainte Chapelle* (Archives nationales).

2. *Archives administratives de Reims*, t. II, 1037, 1038, 1067, t. III. 851.

3. *Priviléges de la couronne de France*, 149.

4. Jehan Mortis. *Priviléges de la Sainte-Chapelle* (Archives nationales).

5. Bibliothèque de l'Arsenal. — *Recueil de pièces* (nº 325, in-folio) sur la Sainte-Chapelle.

6. *Livre d'heures de Juvénal des Ursins* (Bibliothèque de la ville de Paris).

7. *Commendationes annuarium fidelium defunctorum dicende sine notâ, in obitibus seu anniversariis ordinarie dicendis in sacrá capellâ Regis* (Bibl. nationale de Paris. Département des Manuscrits latins, 18,013).

8. *Nécrologe de la Sainte-Chapelle* (Bibliothèque Mazarine; Manuscrits, T, 207.) — Au verso de la couverture, se trouvent ces mots, écrits au dix-septième siècle : « *Pour la Sainte-Chapelle du Palais, à Paris.* »

9. *Vie de saint Louis par le confesseur de la reine* (Bibl. nat. impr. franc. 5,716). Belles miniatures.

10. Jean, sieur de Joinville. *Des gestes de saint Louis, roy de France (Ibid.* n° 13,568).

11. *Table générale des chartres et tittres du trésor de la Sainte-Chapelle de Paris. Cette table, qui est alphabétique, paraît avoir été dressée en conséquence des réparations et du nouvel ordre que M. Fouquet, ministre d'Etat et trésorier des chartes, fit faire, dans le trésor des chartes de la Sainte-Chapelle, comme il paraît par la préface qui suit* (Bi-

bliothèque nationale, manuscrits français, 20,867 ;
Saint-Victor, 1,096).

12. *L'histoire et chronique de très chrestien roy saint Loys IX du nom, écrite par feu messire Jehan sire de Joinville et sénéchal de Champagne, et mise en lumière par Antoine Pierre de Rieux* (Poitiers. 1547; in-8º).

13. *Comptes de la recette générale de la Sainte-Chapelle du palais royal à Paris, depuis l'an commencé, quatorze cent quarante inclus jusqu'à l'an qui finit quatorze cent cinquante et un, et issi inclus se termine par : le compte particulier du pain pour l'année du présent compte, fini 1451* (Bibliothèque nationale de Paris, manuscrits français, 22,392 ; *370 pages*).

14. Bibliothèque de la Cour d'appel de Paris. *Plan de Paris aux armes de la ville.*

15. *Inventaire des saintes reliques de la Sainte-Chapelle de Paris* (Bibliothèque nationale, manuscrits français, 4,609).

16. *Obituarium sacræ capellæ Regiæ* (Bibl. nat., manuscrits latins, 17,741). *Ce livre est le livre des obits ou anniversaires fondez en la Sainte-Chapelle*

du palais royal à Paris, lesquels on fait et célèbre ordinairement chacun an en icelle Sainte-Chapelle et lequel livre est double. Et est le présent livre le double du nouvel livre des obits ou anniversaires de ceste Sainte-Chapelle seulement et non pas le double de l'ancien livre des obits ou anniversaires d'icelle Sainte-Chapelle. Et aussy ledit présent livre est sans préjudice dudit ancien livre desdits obits ou anniversaires.

17. Archives nationales à Paris. *Mémoire pour l'histoire de la Sainte-Chapelle du palais. Mémoriaux. Registre de délibérations* (1556-1785). *Inventaire du trésor. Fondations, chapelles, confrérie, fiefs, ventes, chartes royales, bulles, droits religieux, joyaux, indulgences, subvention pour l'armée de la Ligue. Entretien et garde de l'Eglise. Fondations par les rois Louis VIII et Louis IX. Donations. Chanoines. Trésoriers de la Sainte-Chapelle. Marguillers.*

18. *Histoire de la Sainte-Chapelle royale du palais,* par M. Sauveur-Jérome Morand, chanoine de ladite église; présentée à l'Assemblée nationale par l'auteur, le 5 juillet 1790. — Pour épigraphe :

> *Ecce crux et corona spinea.*
> *Arma regis gloriæ tibi commendantur.*

A Paris, chez Clousier, imprimeur du roi, rue de Sorbonne (MDCCXC). Grault, libraire, Cour du palais, hôtel de la Trésorerie, 22. Une partie de l'édition ayant été détruite, cet ouvrage est devenu rare et est recherché surtout pour les figures, qui y sont très-nombreuses (Bibl. nat., imprimés, L, K, 7,202).

19. *Topographie de la France* (Bibl. nat. Section des Estampes, I, 1. Palais).

1º *Vue extérieure de la Sainte-Chapelle de Paris*, d'après un tableau de Martin de 1705, déposé au musée de Versailles; 2º *Vue de la Sainte-Chapelle à Paris*, Durand de Jaminet, sculpteur; 3º *Portrait des églises haute et basse de la Sainte-Chapelle de Paris*, Brebiette *fecit*; 4º *Portrait de la Sainte-Chapelle*, Laudon *direxit*; 5º *La grande châsse de la Sainte-Chapelle*; 6º *Profil de l'Eglise de la Sainte-Chapelle, située dans la cour du palais de Paris*, chez Jean Boisseau, enlumineur du roy, pour les cartes géographiques, en l'Isle du Palais, à la Fontaine de Jouvence; 7º *Vue de la Sainte-Chapelle*, lithographie Langlumé, rue de l'Abbaye, 6; 8º *Vue de la Sainte-Chapelle à Paris*, lithographie Delpech; 9º *La Sainte-Chapelle*, lithographie de Lemercier; 10º *Galerie vue de l'entrée de la Sainte-Chapelle*, lithographie de Vrey; 11º *La Sainte-Chapelle*, lithographie de Lemercier; 12º *Principale entrée de la Sainte-Chapelle*, Béjuillet.

20. Félibien. *Histoire de Paris* (Voir aux tomes I et III les pièces concernant la fondation de la Sainte-Chapelle du Palais).

21. Le moine Théophile. *Diversarum artium Schedulæ.* (Edition de M. Lescalopier, 1843, in-4°.)

22. Voir le *Moniteur* du 3 novembre 1849 *(Institution de la magistrature, après office célébré à la Sainte-Chapelle).*

23. *La Sainte-Chapelle de Paris,* par MM. Troche (Paris, Bouquin, imprimeur, 1854).

24. *Itinéraire archéologique de Paris,* par F. de Guilhermy ; 1855.

25. Paul Lacroix. *Histoire de l'Orfévrerie française ;* in-8°, 1858.

26. *Revue archéologique* (Année 1856 et août 1857).

26 bis. *Le Palais de Justice de Paris et documents comprenant son plan, vers 1500; en 1754,* d'après l'abbé de la Grive; *en 1772,* d'après Jaillot; *en 1790,* d'après Verniquet (Paris, 1858; imprimerie de Mourgues, rue Jean-Jacques Rousseau).

27. *Les anciennes bibliothèques de Paris,* par Alp.

Franklin, de la bibliothèque Mazarine (Imprimerie nationale, 1867).

28. *Etude historique et topographique sur le plan de Paris de 1540, dit le plan de tapisserie,* par Alp. Franklin, de la bibliothèque Mazarine (1859; Aubry, éditeur).

29. *Annales archéologiques* (Didron, éditeur).

30. *Antiquités de Paris,* par Jacques Dubreuil.

31. *Dictionnaire historique de la ville de Paris,* par Hurtaud et Magny.

32. *Dictionnaire raisonné de l'architecture française,* par Viollet-Leduc.

33. *Histoire de la ville et du diocèse de Paris,* par l'abbé Lebeuf, continuée si bien par M. Cocheris, de la bibliothèque Mazarine.

34. *Magistri Johannis de Garlandiâ dictionnarius,* par H. Geraud. *Paris sous Philippe le Bel.*

35. *Notice sur les émaux du Louvre,* par M. de La Borde.

36. Planches de l'histoire de la Sainte-Chapelle dans le livre de Morand :

1º *Plan de la Sainte-Chapelle jusqu'en 1630 ;*

2º *Plan de la Sainte-Chapelle haute; de la Sainte-Chapelle basse;*

3º *Vue extérieure de la Sainte-Chapelle ;*

4º *Vue intérieure ;*

5º *Vue du sanctuaire de la Sainte-Chapelle du palais;*

6º *Dent de morse sculptée;*

7º *Texte des Evangiles* (2 planches);

8º *Camaïeu donné à la Sainte-Chapelle par Charles V* (1375);

9' *Sceau de Baudoin Empereur.*

37. *Histoire de la Sainte-Chapelle,* par MM. Duloux et Doury, architecte et peintre *(Paris; Morel, libraire-éditeur, 13, rue Bonaparte,* 1865). Les gravures de ce beau livre sont : Planche I : profil de l'Apôtre.—II. Ornements sur fond noir.—III. Décoration des pilastres du jubé. — IV. Ornements de l'armature du jubé. -- V. Ornements des colonnes du jubé. — VI. Statue ancienne. — VII. Verrières. — VIII. Verre émaillé sous l'appui. — IX. Armature. — X. Ornements. — XI. Verres. — XII. Colonnes de l'armature. — XIII. Banc du roi et de la reine. — XIV. Colonne fond or. — XV. Jubé. — XVI. Travée du nord. — XVII, XVIII, XIX, XX. Verrières.

—XXI. Coupe longitudinale.—XXII. Coupe transversale.—XXIII. Perspective.—XXIV, XXV. Plans de la Chapelle haute.

38. *Acta sanctorum* (25 Aug., t. V).

39. Crévier. *Histoire de l'Université de Paris*, t. II.

40. Liron. *Bibliothèque Chartraine*, p. 112

41. Lebeuf. *De l'état des sciences en France, depuis la mort du roi Robert.*

42. Gaufredus de Belloloco. *Sancti Ludovici vita, conversatio et miracula.*

43. L'ouvrage de Guilhermy *(Sainte-Chapelle)*, avec gravures de Gaucher, comprend les chapitres suivants :
    Fondation de la Sainte-Chapelle. — Faits principaux de son histoire. — Usages anciens de la Sainte-Chapelle. — Trésor des saintes reliques. — Trésor des Chartes. — Description des monuments intérieurs et extérieurs. — Verrières de la Chapelle haute. — Sépultures.—Monuments funéraires (14, 15, 16, 17).
    — Bibliographie de la Sainte-Chapelle (Paris, 1867).

44. La bibliothèque, si hospitalière, de la Cour de Cas-

sation contient, sur la Sainte-Chapelle, divers ouvrages que son catalogue désigne ainsi :

1° Morand (Sauveur-Jacques). *Histoire de la Sainte-Chapelle royale de Paris, enrichie de planches* (Paris, Clousier, 1790; in-4°).

2° *Sainte-Chapelle de Paris, sa fondation;* in-folio, aux armes de Claude Bazin, seigneur de Bezons (1).

45. *Hadriani Valesii disceptationes de basilicis; discutio adversùs G. Lanais judicium et de vetustioribus Lutetiæ basilicis liber* (Paris, Dupuis, 1660; in-8°).

46. *Les inscriptions de Paris* (Bibliothèque de l'Hôtel de Ville de Paris), 3 vol. in-folio.

47. *Les antiquités de Corrozet, augmentées par Parizien* (1576).

(1) Bazin, seigneur de Bezons, né en 1617, avait été, dès 1639, avocat général au Grand Conseil, puis conseiller d'Etat, il devint intendant en Languedoc, et fut, en 1679, avec La Reynie, rapporteur dans l'affaire des poisons. Il mourut doyen de l'Académie française, le 20 mars 1684, et y fut remplacé par Boileau, qui avait publié le *Lutrin* en 1672 (Note due à l'obligeante érudition de M. Gallien, bibliothécaire de la Cour de Cassation).

BIBLIOGRAPHIE. 251

48. *Histoire de Charles VII,* par Guillaume Chartier *(Voir l'éloge placé en tête).*

49. Rouillard. *Antiquités de la Sainte-Chapelle du Palais;* in-8º, 1607.

50. *Question d'isolement de la Sainte-Chapelle;* in-4º, 1849.

51. *Rapport au ministre des Travaux publics sur la Sainte-Chapelle;* in-4º, 1849.

52. *Tableau historique et pittoresque de Paris, depuis les Gaulois jusqu'à nos jours (La Sainte-Chapelle).* Imprimerie des frères Mame.

53. *Topographie du vieux Paris,* par Ad. Berty, continuée par Legrand. Paris, imprimerie nationale, 2 volumes (1866-1868).

54. *Histoire ecclésiastique de la Cour ou antiquités et recherches de la Chapelle et Oratoire du Roi de France,* par Guillaume du Peyrat. (Paris, 1645; in-folio).

55. *Histoire de la Chapelle des Rois de France,* par l'abbé Archon (Paris, 1704).

56. *Ortus, institutio et dotatio ministrorum Sacræ*

Capellæ Regalis Palatii Parisiensis (Bibl. nat., manuscrits. Baluze, 249).

57. *Factum pour les chantres, chanoines et Chapitre de la Sainte-Chapelle à Paris, contre messire Claude Auvry, évêque de Coutances et trésorier de ladite Sainte-Chapelle* (in- 4°).

58. *Extrait des titres dont se sert messire Claude Auvry, ancien évêque de Coutances, pour faire voir ses droits de supériorité et de juridiction en icelle.* Paris, Langlois (1680 ; in-folio).

59. *Déclaration d'une bulle du pape Jean XXII sur l'établissement d'une cure personnelle pour les serviteurs de la Sainte-Chapelle.*

60. *Réponse des trésorier, chanoines et collége de la Sainte-Chapelle, au mémoire de MM. les officiers de la Chambre des Comptes sur leur prétention de percevoir et administrer la moitié des revenus de l'abbaye de Saint-Nicaise de Reims, unis à la Sainte-Chapelle (Recueil des plaidoyers de l'avocat Gillet*, t. I).

61 *Mémoire pour M. le duc d'Orléans contre le Chapitre de la Sainte-Chapelle du Palais, à Paris, au sujet de la seigneurie de Lignerolles,* par M. Hussenot (in-folio).

62. *L'abrégé des exercices spirituels de la congrégation de l'Immaculée-Conception et de Saint-Louis, érigée en la basse Sainte Chapelle du Palais de Paris,* par Charles de Saint-Germain, médecin (Paris, 1661 ; in-12).

63. *Arrêt du Conseil du 16 mars 1655 entre les chapelains et les chantres de la Sainte-Chapelle et le Chapitre de Saint-Quentin. Requêtes des chapelains, chantres de la Sainte-Chapelle et le Chapitre de Saint-Quentin.*

64. *Fundationes et dotationes variæ Sanctæ Capellæ Beatæ Mariæ in Palatio Parisiensis et capellaniarum in eâ sitarum. Parisiis* (1681 ; in-folio).

65. *Éloge de la ville de Paris,* composé vers 1322, par un anonyme habitant de Senlis.—Un manuscrit est à la Bibliothèque nationale de Paris, composé de 186 feuillets de vélin, reliés en bois couvert de vélin blanc, et l'autre fait partie de la bibliothèque impériale de Vienne (Autriche).

CHAPITRE XV.

CONCLUSION.

Nous terminons cette étude, si imparfaite encore qu'elle soit, en invoquant l'humble devise du savant Pierre Du Puy, elle contient notre aveu : « *Curiositas nihil recusat, atque* « *interdùm parva etiam plurimi facit, et ad ea* « *gressum sustinet, quæ cæteri pro vilissimis pas-* « *sim calcant.* »

D'ailleurs, il n'est homme, parlant de diverses choses (1), « qui puisse si bien dire que les lecteurs sévères, envieux et de mauvais vouloir, ne trouvent à redire

---

(1) Pierre Belon, *Livre des singularités*.

et à calomnier. Mais nous demandons à ceux qui, de bon zèle, accepteront nostre labeur, qu'ils supportent les fautes, s'ils en trouvent aulcunes. » Ainsi faisaient toujours nos pères, les vieux historiens de nos chroniques, les commentateurs de nos lois, lorsqu'ils se séparaient du livre auquel ils avaient consacré leurs veilles, donné souvent toute leur vie; ainsi faisait le Picard Beaumanoir, en achevant ses *Coutumes et usages du Beauvoisis,* pour ses fautes possibles : *Nos prions à tos que l'on nos en veuille tenir por escusés.* Cette excuse toujours facile et toujours bienveillante, je l'ai constamment trouvée chez le frère, à la nature douce et pieusement résignée que la mort vient de m'enlever, et qui fut, par ses constants encouragements, le soutien dévoué, le témoin assidu et attentif de ma vie, si intimement unie à la sienne. Aussi je place sous l'invocation de sa chère mémoire cette étude, qu'il ne lui aura pas été donné de lire et d'agréer, comme les autres.

TABLE DES MATIÈRES.

		Pages.
Préface..		I
Chapitre I.	— Fondation de la Sainte-Chapelle de Paris..	1
— II	— Donations à la Sainte-Chapelle.....	17
— III.	— Ordonnances relatant les libéralités.	25
— IV.	— Réparations et revenus.............	35
— V.	— Restaurations opérées................	55
— VI.	— Trésoriers et chanoines............	68
— VII.	— Serment des chanoines et chapelains.	101
— VIII.	— Attributions des offrandes et aumônes à la Sainte-Chapelle...............	109
— IX.	— Reliques de la Sainte-Chapelle......	126
— X.	— Le Camée de la Sainte-Chapelle (Apothéose d'Auguste	142

TABLE DES MATIÈRES.

	Pages.
Chapitre XI. — Le Trésor des Chartes de la Sainte-Chapelle....................	150
— XII. — Inventaire du Trésor des Chartes....	159
— XIII. — Chronologie des actes concernant la Sainte-Chapelle	224
— XIV. — Bibliographie de la Sainte-Chapelle.	241
— XV. — Conclusion.........	254

LE PUY. — TYP. ET LITH. MARCHESSOU

EN VENTE A LA MÊME LIBRAIRIE

EUG. DAURIAC
Histoire anecdotique de l'industrie française. 1 v. in-18. 3 »

PH. AUDEBRAND
Souvenirs de la tribune des journalistes 1848 à 1852. 1 vol. gr. in-18 jésus. 3 »

CHAMPFLEURY
Histoire de la caricature antique, 2e édition. 1 vol. gr. in-18 orné de 100 gravures. 5 »
Histoire de la caricature moderne, 2e édition. 1 vol. gr. in-18 orné de 90 gravures. 5 »
Histoire de la caricature au moyen âge. 1 vol. gr. in-18 orné de 90 gravures. 5 »
Histoire des faïences patriotiques sous la Révolution. 1 vol. gr. in-18 orné de grav. 5 »
Histoire de l'imagerie populaire. 1 vol. gr. in-18 orné de 50 gravures. 5 »
L'Hôtel des commissaires priseurs. 1 vol. gr. in-18. 3 »

C. DESNOIRESTERRES
Les Cours galantes, histoire anecdotique de la société polie au XVIIIe siècle. 4 vol. in-18. 12 »

ALFRED DELVAU
Histoire anecdotique des barrières de Paris. 1 vol. gr. in-18, avec eaux-fortes par E. Thérond. 3 50
Les Lions du jour, physionomies parisiennes. 1 vol. gr. in-18. 3 »

VICTOR FOURNEL
Ce qu'on voit dans les rues de Paris 1 fort vol. gr. in-18. 3 50
Les spectacles populaires et les artistes des rues, tableau du vieux Paris. 1 vol. gr. in-18. 3 50

ÉDOUARD FOURNIER
L'Esprit des autres recueilli et raconté. 4e édition. 1 vol. in-18. 3 »
L'Esprit dans l'histoire, recherches sur les mots historiques, 3e édition. 1 vol. in-18. 3 »
Chroniques et légendes des rues de Paris. 1 vol. in-18. 3 »
Énigmes des rues de Paris. 1 vol. in-18. 3 »
Histoire du Pont-Neuf. 2 vol. in-18, avec photographie. 6 »
La Comédie de J. de La Bruyère. 2 vol. in-18. 6 »
La Valise de Molière. 1 vol. gr. in-18 jésus, sur papier vergé. 5 »

ED. ET J. DE GONCOURT
Portraits intimes du XVIIIe siècle. 2 vol. in-18. 6 »

GEORGES D'HEILLY
Dictionnaire des pseudonymes, révélations sur le monde des lettres, du théâtre et des arts. 2e édition. 1 fort vol. gr. in-18 jésus. 6 »

HALLAYS-DABOT
Histoire de la censure théâtrale en France. 2 vol. in-18. 4 50

M. DE LESCURE
Les Maîtresses du Régent. 1 fort vol. in-18. 4 »
Les Confessions de l'abbesse de Chelles. 1 vol. in-18. 3 »
Nouveaux mémoires du maréchal duc de Richelieu 16-1788, rédigés sur des documents authentiques. 4 vol. gr. in-18 jésus. 14 »

LORÉDAN-LARCHEY
Les Excentricités du langage, puisées aux meilleures sources. 5e édition. 1 vol. gr. in-18. 3 50

AMÉDÉE PICHOT
Souvenirs intimes de M. de Talleyrand. 1 vol. gr. in-18. 3 50

CH. POISOT
Histoire de la musique en France, depuis les temps les plus reculés jusqu'à nos jours. 1 fort vol. in-18. 4 »

CH. NISARD
Histoire des livres populaires et de la littérature du colportage depuis l'origine de l'imprimerie. 2 forts vol. gr. in-18 ornés de gravures. 10 »
Des Chansons populaires chez les anciens et chez les Français, essai historique suivi d'une étude sur les chansons des rues contemporaines — 2 vol. gr. in-18 avec gravure. 10 »

J. DE SAINT-FÉLIX
Les Nuits de Rome, illustrations de Godefroy Durand. 1 vol. gr. in-18 jésus. 3 50

H. DE VILLEMESSANT
Mémoires d'un journaliste. 2 vol. gr. in-18 jésus. 6 »

TENANT DE LATOUR
Mémoires d'un bibliophile. 1 vol. gr. in-18. 3 50

ED. WERDET
Souvenirs de la vie littéraire. 1 vol. gr. in-18 jésus. 3 50

www.ingramcontent.com/pod-product-compliance
Lightning Source LLC
Chambersburg PA
CBHW070749170426
43200CB00007B/706